# Voilà!

## Einfach französisch backen

# Voilà!

## Einfach französisch backen

MANON LAGRÈVE

Aus dem Englischen von Manuela Schomann

KNESEBECK

Fotografien von Nassima Rothacker

# Inhalt

# Einführung

Der Ausdruck *pâtisser* (»backen«) bezieht sich in Frankreich auf einen professionellen *pâtissier.* Geht es stattdessen ums wöchentliche Dessert oder sonntägliche Familienessen, heißt es *faire un gâteau* (»einen Kuchen machen«) – eine schlichte, süße Köstlichkeit für eine gemeinsame Mahlzeit.

Dieses Buch ist den französischen Klassikern gewidmet, die sich entspannt zu Hause zubereiten lassen. Dazu braucht ihr oft nur eine Springform oder ein Backblech. Meine Sprache der Liebe ist das Backen, und ich bin überzeugt, dass man dafür keine ausgebildete Bäckerin sein muss. Vielmehr möchte ich allen Leserinnen und Lesern zeigen, dass die Zubereitung eines Kuchens mit schickem französischem Namen nicht schwierig oder aufwendig sein muss. Meine *Maman* (Mama) und meine Omas führten einen Bauernhof und hatten gar nicht die Zeit, stundenlang zu backen. Dennoch gab es zu jeder Mahlzeit ein hausgemachtes Dessert.

Werfen wir doch gemeinsam einen Blick in meine Kindheit: Damals entwickelte sich meine Liebe zum Essen, besonders zu Desserts und süßen Köstlichkeiten ...

Ich kam im Dezember 1991 in der Bretagne als zweites von drei Kindern in einem kleinen Dorf zur Welt. Maman übernahm den Hof ihrer Eltern, auf dem Eier produziert wurden, und entwickelte zusammen mit meinem Vater ihre eigene Marke – *Les Oeufs Coquelin*. Man kann guten Gewissens sagen, dass es bei uns immer reichlich Eier gab! Aber wir waren auch bestens mit vielen anderen regionalen Produkten versorgt, ob nun selbst angebautes Obst und Gemüse oder Rindfleisch von unserem eigenen Vieh.

Fast jeden Monat kamen im Haus meiner Großeltern alle Tanten, Onkel, Cousins und Cousinen zu einem Familienessen zusammen und brachten etwas mit, was sie selbst produziert oder zubereitet hatten. Meine Oma väterlicherseits, Mamie Suzanne, und mein inzwischen verstorbener Opa, Papi Pierre, servierten stets ein köstliches Festmahl – von Kanincheneintopf bis zu Rinderbraten mit *frites* aus selbst angebauten Kartoffeln und grünen Bohnen aus dem Garten. *Tonton* (Onkel) Alain versorgte uns mit Vollmilch von seinem Hof, und *Tonton* Jean Pierre mit Wurst und Schinken aus seiner Metzgerei. Wir waren für die Eier zuständig, und die ganze Familie hatte hausgemachte Konfitüren zum Tauschen dabei.

Auf Mamans Seite ging es genauso zu: *Tonton* Jean Bernard aus Bordeaux produziert seit Jahrzehnten hervorragende Weine, die auch in *Tonton* Jean Charles' Restaurant »Le Bretagne« angeboten werden. Mamie Gilberte züchtet Tauben und Lämmer, baut Obst an und kocht daraus Konfitüre!

Ein Festmahl ohne mindestens eine Nachspeise war schlicht undenkbar: Unser Mittagessen dauerte viele Stunden, weshalb wir Kinder ungeduldig auf *le dessert* warten mussten, den natürlich wichtigsten Teil der Mahlzeit! Denn bei den meisten französischen Familien gibt es immer eine Nachspeise, und auch ich esse jeden Abend ein Dessert. Am häufigsten gab es schlichte Desserts (siehe 1. Kapitel) wie *Clafoutis aux Fruits de Saisons* (Clafoutis mit Früchten der Saison, S. 41), *Mousse au Chocolat de Maman* (Mamans Mousse au Chocolat, S. 42) oder *Tiramisu aux Fraises d'été* (Sommerliches Erdbeertiramisu, S. 29). Zu besonderen Gelegenheiten kaufte Mamie Suzanne *pâtisseries* in der *boulangerie* des Dorfes. Die einfachen Varianten unserer Familienklassiker verrate ich im 3. Kapitel, beispielsweise *Paris Brest* (Paris Brest, S. 106) oder *Éclair au Chocolat Praliné* (Schoko-Éclair mit Crème Praliné, S. 101).

Maman war und ist eine beeindruckende Köchin. Sie verbrachte unzählige Stunden in der Küche, um für uns Kinder köstliche Mahlzeiten und süße Kleinigkeiten für den Nachmittag zuzubereiten (4. Kapitel). Ebenso wichtig war es ihr, dass ihre Freundinnen und Freunde, die am Wochenende zu Besuch kamen, mit Appetithäppchen, Vorspeise, Hauptgericht und Käseplatte sowie einem Dessert versorgt waren. Papa leitete uns beim Tischdecken an und zeigte uns, wie wir Maman unterstützen konnten, während er den Wein auswählte. Unser Haus war immer voller Gäste, was sich auch in Zukunft nicht ändern wird, da ich mit meiner Tochter Fleur oft in die Bretagne zurückkehre.

Aus den Momenten, in denen wir Essen zubereiten, es gemeinsam essen und darüber reden, spricht für mich wahre Liebe. Ich bin dankbar, dass ich in einer Familie aufgewachsen bin, in der ich stets wusste, dass ich von *amour* umgeben war, selbst wenn die Worte »Ich liebe dich« nur selten ausgesprochen wurden.

Viel Spaß beim Ausprobieren meiner Rezepte! Teilt das Ergebnis mit Menschen, die ihr liebt, und genießt *la belle vie* (»das gute Leben«).

# ZU BEGINN

## Ein Hinweis zu den Zutaten

Der Großteil der Zutaten ist im Supermarkt gut erhältlich. Ich kaufe stets saisonal ein, weshalb ihr im Frühling und Sommer erst die Obstrezepte zubereiten könnt und im Winter dann auf Schokolade oder Karamell umsteigt. Oft ist es besser, TK-Obst von guter Qualität oder Früchte aus der Dose zu kaufen, anstatt frisches Obst außerhalb der Saison, das einen weiten Transportweg und wenig Aroma hat.

Die restlichen Zutaten, die von bester Qualität sein sollten, kaufe ich möglichst regional. Zwei besondere Produkte müsst ihr wahrscheinlich online kaufen: Crème Praliné (oder selbst zubereiten, S. 106) sowie Tonkabohnen (eine tolle Alternative zu Vanillepaste).

## Zubehör

Das Backen und Zubereiten von Desserts macht wesentlich mehr Spaß, wenn ihr einige wichtige Küchenutensilien zur Hand habt. Im Laufe der Jahre habe ich in vielen nur spärlich ausgestatteten Küchen gekocht, konnte aber dank meiner Erfahrung stets improvisieren. Und ihr könnt das auch!

Mit einer Küchenmaschine und ein paar Spritzbeuteln spart man garantiert Zeit. Mich erinnert das auch an meine Omas, die ohne Backofen mit Thermostat und ohne elektrischem Mixer köstliche Backwaren zustande gebracht haben. Meine Mamie Suzanne produzierte sogar ihre Butter selbst, die sie entweder aufbrauchte oder am Wochenende auf dem *marché* verkaufte, um ein wenig Extrageld für die Familie zu verdienen. Dazu verwendete sie eine hölzerne *baratte*, also ein Butterfass (das wir noch immer besitzen), um das Milchfett vom Wasser abzuscheiden und zu Butter zu verarbeiten. Für 500 g Butter musste man eine Stunde hart arbeiten. Deshalb bin ich froh über Butter aus dem Kühlregal und Elektrizität! Ich habe das Zubehör in der Reihenfolge nach Wichtigkeit geordnet, wobei ihr die ersten fünf Dinge hoffentlich schon im Schrank habt, sodass ihr mindestens die Hälfte der Rezepte damit zubereiten könnt!

### BACKFORMEN

2 runde Springformen (Ø 23 cm), 1 quadratische Backform (31 cm), 1 Tarte-/Obstkuchenform mit Rillen (Ø 23 cm), (Soufflé-)Förmchen, Einzelförmchen für Madeleines.

Dazu kommt eine (Blech-)Form/Auflaufform für Kuchen oder Clafoutis. Alle Kuchenrezepte sind für eine runde Standardspringform (Ø 23 cm) ausgelegt, lassen sich aber auch in einer rechteckigen Form oder in einer Kastenform backen. Natürlich gibt es unzählige weitere Formen, wie z. B. Gugelhupfformen. Alle Kuchenrezepte lassen sich zudem als Schichtkuchen zubereiten, wenn man zwei runde Formen mit einem Durchmesser von 15 cm verwendet.

### GROSSE RÜHRSCHÜSSEL

Für die meisten Rezepte benötigt man nur eine einzige Schüssel sowie die fünf ersten Dinge dieser Liste. Das bedeutet, dass ihr auch im Urlaub, in eurer Studentenwohnung oder im Haus eurer besten Freundin oder besten Freundes backen könnt, also überall, wo es einen Backofen gibt.

## BACKOFEN MIT THERMOSTAT

Die Temperatur von Backöfen variiert, besonders bei älteren Modellen. Die hier angeführten Temperaturen beziehen sich auf einen elektrischen Umluftofen. Wer keinen Umluftofen hat, erhöht die Temperatur um 20 °C. Ein Ofenthermometer ist ein günstiges Küchenutensil, mit dem ihr die tatsächliche Temperatur herausfinden könnt. Werft einen Blick in den Abschnitt »Ist er durchgebacken?« (siehe nächste Seite) und lernt so euren Backofen besser kennen. Natürlich gibt es in diesem Buch auch einige backfreie Rezepte, wie z. B. die *Mousse au Chocolat de Maman* (Mamans Mousse au chocolat, S. 42) oder die *Guimauves Enrobé de Chocolat* (Marshmallows mit Schokoüberzug, S. 165).

## DIGITALE KÜCHENWAAGE

10 g mehr oder weniger von einer Zutat werden euer Gebäck NICHT ruinieren. Aber ich rate euch dennoch, eine digitale Waage zu kaufen! Damit lassen sich viele Backkatastrophen verhindern, da man die Zutaten aufs Genaueste abwiegen kann. Ich finde es praktisch, zuerst alle Zutaten abzuwiegen und in kleine Schüsselchen zu füllen, bevor ich mich ans Backen mache – so könnt ihr Schritt für Schritt dem Rezept folgen und überseht keine Anweisungen oder Zutaten.

## TEIGSPATEL UND SCHNEEBESEN

Mit diesen beiden Küchenutensilien geht das Backen gleich viel leichter. Einen Schneebesen kann zum Aufschlagen von Crème Chantilly oder Kuchenteig verwenden. Mit dem Teigspatel lässt sich Eischnee unterheben, der Schüsselrand abstreifen oder eine Buttercreme bzw. ein Kuchenteig vor dem Backen glatt streichen.

## BLINDBACKKUGELN AUS KERAMIK

Wichtig, falls ihr euren Teig selbst backt: Die Blindbackkugeln aus Keramik kosten nicht viel, aber falls ihr keine zur Hand habt, könnt ihr auch getrocknete Erbsen, Reis, Bohnen oder andere Hülsenfrüchte verwenden, mit denen es genauso gut klappt.

## TEIGPINSEL

Falls ihr vorhabt, *pâtisserie* zu backen, empfehle ich euch einen Teigpinsel. Er ist praktisch, wenn ihr das Mehl zwischen den Croissantschichten verteilt oder etwas verquirltes Ei auf dem Brandgebäck verstreicht!

## GROSSES BACKBLECH UND WIEDERVERWENDBARE SILIKONBACKMATTE

Ganz wichtig für Kekse oder *pâtisserie*. Ich nehme gerne wiederverwendbare Silikonbackmatten, da ich oft Cookies, Croissants und Brandteig backe.

## ELEKTRISCHE KÜCHENMASCHINE MIT SCHNEEBESEN UND KNETHAKEN

Ich habe immer davon geträumt, eine eigene Küchenmaschine zu besitzen. Noch heute ist sie eines der wichtigsten Geräte in meiner Küche und ein unverzichtbarer Helfer bei der Zubereitung von Baisers, Buttercreme oder Teig für *viennoiseries*. Dies heißt nicht, dass ihr ohne Maschine die meisten Rezepte dieses Buchs nicht backen könnt. Ich würde euch empfehlen, erst einmal in ein elektrisches Handrührgerät zu investieren, um herauszufinden, wie oft ihr es verwendet. So merkt ihr schnell, ob ihr schon bereit für die größere Variante seid.

## (PROFI-)SPRITZBEUTEL

Spritzbeutel können so praktisch sein! Ihr müsst dafür nicht wissen, wie man »spritzt«, sondern könnt sie auch zur Zubereitung von Brandteig verwenden, um Mousse au chocolat oder Madeleineteig in Förmchen zu füllen oder um Buttercreme auf einen Kuchen aufzutragen.

## LOCH-/STERNTÜLLE (Ø 1 CM)

Ein weiteres wichtiges Utensil, das euch bei der Herstellung von *pâtisserie* hilft! Es gibt nichts Befriedigenderes, als etwas Chantilly-Creme auf Brandteig aufzutragen oder ein Éclair mit *Crème pâtissière* zu füllen. Ich verwende gerne Tüllen mit großem Durchmesser – ihr benötigt nur ein paar Stück!

# Fehler beheben, Hacks und Verschönerungsmaßnahmen

## VORBEREITUNG DER FORM

Die Backform solltet ihr immer einfetten oder mit Backpapier auslegen, damit ihr das Dessert problemlos herausnehmen könnt:

1. Die Backform gut einfetten. Dazu einen Teigpinsel und zimmerwarme Butter verwenden. Die Butter vorher nicht zerlassen, da sie sonst nicht am Rand der Form haftet.

2. In die Form 1 Esslöffel Weizenmehl geben. Die Form schwenken, bis das Mehl rundum Rand und Boden bedeckt. An den Rand klopfen, damit sich überschüssiges Mehl löst. Durch diese Schicht haftet der Kuchen beim Backen nicht an. Ich verwende die gleiche Technik für Gugelhupfformen oder besondere Formen, wie z. B. Backbleche für Madeleines.

3. Falls eure Form ein wenig rostig ist (kommt vor), legt einfach ein Stück Backpapier auf den Boden der eingefetteten Form. Danach den Rand mit Mehl bestäuben.

## SCHON DURCHGEBACKEN?

Alle in diesem Buch genannten Temperatur- und Zeitangaben beziehen sich auf einen Umluftofen. Aber Backöfen weisen Unterschiede auf, weshalb ihr vielleicht die Backzeit anpassen müsst. Keine Sorge, ich habe hier einige Tipps für euch:

1. Bei Kuchen und Biskuitböden macht man am besten die Stäbchenprobe: Dazu stecht ihr einen Spieß (oder ein kleines, scharfes Messer) in der Mitte des Kuchens ein. Falls nach dem Herausziehen kein Teig daran haftet, ist der Kuchen durchgebacken. Ansonsten backt ihr den Kuchen jeweils weitere 5 Minuten, bis er durchgebacken ist.

2. Bei Brioches und Brot klopft man kurz auf den Boden der Form: Klingt es hohl, sind sie durchgebacken. Bei einem tiefen Ton stellt ihr die Form nochmals jeweils 5 Minuten in den Backofen.

3. Gebäck sollte immer schön goldgelb sein.

## MEIN KUCHEN LÖST SICH NICHT AUS DER FORM. WAS SOLL ICH TUN?

Dies lässt sich hoffentlich vermeiden, wenn ihr meine Tipps zum Einfetten und Bemehlen bzw. Auslegen mit Backpapier befolgt. Ein paar Tipps für den Notfall:

1. Löst euren Kuchen nach maximal 5 Minuten aus der Form. Je länger ihr wartet, desto stärker karamellisiert der Zucker am Kuchen.

2. Fahrt mit einem scharfen Messer am Rand des Kuchens entlang, sodass sich ein kleiner Spalt bildet.

3. Stürzt die Backform mit dem Kuchen auf einen Teller und schabt mit dem Messer am Boden der Form entlang, damit sich der Kuchen ablöst.

4. Irgendwann kommt er sicher heraus. Falls dann noch Kuchenreste am Boden der Form haften, löst sie vorsichtig mit einem Messer ab und legt sie in die Lücke.

5. Nun den Kuchen wieder richtig herum stürzen. Niemand wird merken, dass er festgeklebt war. Oder überzieht gestürzten Kuchen mit *Glaçage au Mascarpone* (Mascarponeüberzug, S. 178) oder *Ganache Montée* (Aufgeschlagene Ganache, S. 178).

## WIE VERSCHÖNERE ICH DAS BACKWERK?

Um schlichtes Backwerk aufzuhübschen, habe ich immer folgende Zutaten im Haus:

1. Frische Blüten: Sie können, aber müssen nicht essbar sein (jedoch immer pestizidfrei!). Vor dem Aufschneiden entfernen. Eine hübsche Blüte oder ein paar aufgestreute Blütenblätter wirken stets beeindruckend.

2. Aufgeschnittenes Obst: Je nach Rezept kann man zusätzlich einige der wichtigsten frischen Zutaten als Dekoration obenauf legen.

3. Ein Pulver zum Bestäuben der Oberfläche (sehr praktisch, falls der Kuchen etwas zu braun geworden ist): Puderzucker, Kakaopulver oder zerstoßene, gefriergetrocknete Himbeeren eignen sich gut.

4. Etwas Nussiges: gehackte Pistazien, Mandelsplitter, geröstete Haselnüsse oder Kokosraspel.

5. Ganache, Glasur oder Konfitüre als Überzug.

## MEIN KUCHEN HAT SICH AUFGEWÖLBT. WIE WIRD DARAUS EIN SCHICHTKUCHEN?

Wenn ihr einen Kuchen aus zwei Tortenböden backen wollt (alle Rezepte aus dem 2. Kapitel ergeben z. B. auch zwei Biskuitböden mit Ø 15 cm), müssen die Tortenböden eine flache Oberseite haben. Verwendet ein Messer mit Wellenschliff und zieht mit der Spitze eine gleichmäßige Linie rundum an der oberen Kante des Tortenbodens. Dann schneidet ihr den gewölbten Teil horizontal ab.

## WIE SCHMELZE ICH SCHOKOLADE?

1. *Au bain marie* (Wasserbad): Die Schokolade in einer hitzebeständigen Schüssel in einen Topf mit Wasser hängen (der Schüsselboden darf die Wasseroberfläche nicht berühren). Bei mittlerer Hitze unter gelegentlichem Rühren 3–5 Minuten heiß werden lassen, bis die Schokolade zu schmelzen beginnt.

2. In der Mikrowelle: Die Schokolade in einem mikrowellenfesten Gefäß auf höchster Stufe jeweils 30 Sekunden erhitzen. So oft wie nötig wiederholen. Zwischendurch umrühren, damit die Schokolade gleichmäßig schmilzt.

Falls ich Butter/Vollmilch und Schokolade schmelzen muss, gebe ich alles gleichzeitig in einen Topf und lasse es bei mittlerer Hitze heiß werden. Es dauert 3–5 Minuten, bis die Schokolade geschmolzen ist.

## WIE BRINGE ICH BUTTER AUF ZIMMERTEMPERATUR?

Wenn Butter zimmerwarm sein soll, muss man sie 3 Stunden zuvor aus dem Kühlschrank nehmen. Vielleicht plant ihr das Kuchenbacken aber nicht im Voraus (so wie ich). Mein Trick: Während ich den Backofen vorheize, würfele ich die Butter und stelle sie in einem hitzebeständigen Gefäß einige Minuten unten in den Backofen, bis sie weich ist.

# EN DESSERT

# Desserts

In diesem Kapitel geht es um Desserts für jeden Tag. Für meine Familie und Freunde besteht eine Mahlzeit aus drei Gängen. Zum Abschluss gibt es also immer etwas Süßes, ob nun eine *tartine* mit Konfitüre und Butter, einen Joghurt oder eine hausgemachte Nachspeise. Alle Rezepte in diesem Abschnitt sind schnell und einfach zubereitet und kommen ganz bescheiden daher. Aber mit einigen Tricks werden sie schnell zum Star der Show.

Die meisten dieser Desserts lassen sich am Vortag zubereiten, sodass sie genau das Richtige für eine Essenseinladung sind, bei der ihr nicht noch kochen wollt, wenn die Gäste schon da sind oder ihr bereits ein paar Gläser Wein getrunken habt! Manche Rezepte lassen sich gut an die jeweilige Saison und die gerade verfügbaren Früchte anpassen. Als Zugabe stelle ich noch einige traditionelle Rezepte von meiner Mamie Suzanne und Maman vor.

# TARTES FINES AUX FIGUES ET À LA FRANGIPANE

## *Tartes mit Mandelcreme und Feigen*

Meine Maman kaufte, abgesehen von wenigen Ausnahmen wie Blätterteig, kaum Fertigprodukte. Ich verurteile niemanden, der Fertigblätterteig von guter Qualität aus dem Supermarkt verwendet. Die Feigen pflückten wir im Sommer im Garten meiner Tante in Bordeaux. Daraus entstanden dann zahllose *Tartes fines* oder *Confiture de Figues*. Eine reife Feige ist für mich die ultimative Frucht. Beim Obsthändler gibt es sogar verschiedene Sorten. Die Mandelcreme ergänzt das subtile Feigenaroma mit üppigem Nussgeschmack.

Ergibt: 4 Tartes

Zubehör:

1 Backblech, 4 runde Ausstechformen (Ø 12 cm)

Zutaten:

1 Packung Blätterteig
Weizenmehl Type 405 zum Bestäuben
75 g zimmerwarme, gesalzene Butter
100 g feinster Backzucker
1 Ei (Größe L), plus 1 Eigelb zum Bestreichen
150 g gemahlene Mandelkerne
8 Feigen
3 EL Honig

Tipp: Ihr könnt etwas Honig auf die Mandelcreme träufeln, damit sie schön glänzt. Die Tartes warm mit Vanilleeis servieren.

1. Den Backofen auf 180 °C (Umluft) vorheizen.

2. Den Teig auf einer leicht bemehlten Arbeitsfläche ausrollen. Vier Teigkreise (Ø 12 cm) mit einer Ausstechform ausstechen und gleichmäßig auf einem mit Backpapier ausgelegtem Backblech verteilen. Vom restlichen Teig vier lange Streifen abschneiden und jeweils als leicht erhabenen Rand um die kleinen Tartes legen. Mit etwas Wasser befeuchten, sodass sie sich mit den Teigkreisen verbinden. Den Boden der Tartes mit einer Gabel mehrfach einstechen. Das Backblech in den Kühlschrank stellen.

3. Für die Mandelcreme Butter und Zucker in einer Schüssel mit einem Teigspatel schaumig rühren. Das Ei und dann die gemahlenen Mandelkerne einrühren, bis eine leicht streichbare Paste entsteht. Jede Tarte mit 2 Esslöffel Mandelcreme füllen und die Masse mit einem Löffel glatt streichen.

4. Die Feigen waschen, trocken tupfen und in dünne Scheiben schneiden. Die Scheiben vorsichtig auf die Mandelcreme legen. Die Feigen mit etwas Honig beträufeln und den noch sichtbaren Teigrand mit etwas Eigelb bestreichen.

5. Die Tartes 20 Minuten backen, bis der Teigrand goldgelb ist.

# FAR BRETON

*Backpflaumenkuchen*

Dies ist eines jener Desserts, das in 5 Minuten zusammengerührt ist. Sobald es im Backofen ist, müsst ihr nicht mehr daran denken. In der Bretagne ist *Far breton* – ein günstiger, puddingartiger Kuchen mit Backpflaumen – überall erhältlich. Maman backt ihn immer, wenn wir Besuch bekommen oder sie eine schnelle Nachspeise für das Mittagessen benötigt. Dieser *Far breton* schmeckt einfach köstlich, und es fällt sehr schwer, nicht sofort alles aufzuessen!

Für: 6 Personen

Zubehör:

1 Auflaufform oder Bratreine (30 cm) oder 1 runde Backform (Ø 30 cm)

Zutaten:

5 Eier (Größe M)
100 g feinster Backzucker
500 ml Vollmilch
25 ml dunkler Rum (2 EL)
1 TL Vanilleextrakt (oder -paste)
80 g Weizenmehl Type 405
15 g Butter zum Einfetten
400 g weiche Backpflaumen, entsteint

1. Den Backofen auf 150 °C (Umluft) vorheizen.
2. Die Eier in einer großen Rührschüssel mit dem Zucker vermengen. Alles einige Minuten schaumig schlagen.
3. Die Milch in einem Topf erhitzen und dann langsam unter ständigem Rühren in die Eimischung gießen.
4. Rum und Vanille hinzufügen. Das Mehl hineinsieben und alles zu einem glatten Teig verarbeiten.
5. Die Form einfetten und die Backpflaumen gleichmäßig darin verteilen. Mit dem Teig übergießen.
6. Im Ofen 40–45 Minuten backen, bis der Auflauf goldgelb und aufgegangen ist – beim Abkühlen sinkt er ein wenig zusammen. Keine Sorge, das ist in Ordnung!



Tipp: *Far breton* wird traditionell kalt serviert, nachdem er etwas fest geworden ist. Ich mag ihn auch warm und cremig. Am besten qualitativ hochwertige Backpflaumen verwenden.

# CRÈME RENVERSÉE

## *Crème Caramel*

*Crème renversée* ist ein klassisches elegantes Dessert, mit dem ihr eure Gäste beeindruckt, ohne euch viel Arbeit zu machen. Maman bereitete sie immer in einer großen Keramikschale zu, damit wir Kinder ordentlich zuschlagen konnten. Sie mischte die Zutaten dafür am Morgen zusammen und stellt sie dann bei eingeschalteter Zeitschaltuhr in den Backofen. Keine Angst vor der Zubereitung von Karamell, folgt einfach den Rezeptschritten! Am besten bereitet ihr dieses Dessert am Vortag in kleinen Förmchen zu, die ihr dann auf hübsche Dessertteller stürzen könnt.

Für: 8 Personen

Zubehör:

8 Förmchen (4 cm hoch), 1 großes, tiefes Backblech

Zutaten:

FÜR DAS KARAMELL:
100 g feinster Backzucker

FÜR DIE CRÈME:
500 ml Vollmilch (mit 250 g Crème double und 250 ml fettarmer Milch wird es noch sahniger)
2 TL Vanillepaste oder 2 Vanilleschoten (keinen Vanilleextrakt verwenden; das Vanillearoma soll sehr intensiv sein)
2 Eier (Größe L) und 2 Eigelb
75 g feinster Backzucker

1. Die Förmchen in das tiefe Backblech stellen.

2. Für den Karamell Zucker und 4 Teelöffel Wasser in einem Topf erhitzen. Mit einem hitzebeständigen Teigspatel vorsichtig umrühren, bis Wasser und Zucker vermischt sind und ein weißlicher Sirup entsteht. Bei starker Hitze 3–4 Minuten köcheln lassen. Sobald die Mischung einen hellen Karamellton angenommen hat, ist sie fertig. Den Karamell schnell auf die Förmchen verteilen. Beiseitestellen und leicht abkühlen lassen.

3. Für die Crème die Milch in einem Topf leicht erhitzen (nicht aufkochen). Die Vanillepaste oder das herausgeschabte Mark mit den Vanilleschoten hinzufügen. Dann vom Herd nehmen und beiseitestellen.

4. Den Backofen auf 120 °C (Umluft) vorheizen.

5. Eier, Eigelbe und Zucker in einer hitzebeständigen Schüssel einige Minuten verquirlen. Dann vorsichtig die warme Vanillemilch dazugießen (Schoten herausnehmen) und verrühren. Die Vanillecreme auf den Karamell in die Förmchen gießen. Die Crème im Wasserbad erhitzen: Dafür warmes Wasser in das tiefe Backblech gießen, sodass die Förmchen bis zu einem Drittel bedeckt sind.

6. Die Förmchen mit Alufolie zudecken, damit die Oberfläche der Crème nicht anbrennt. 1¼ Stunden backen. Zur Garprobe in die Mitte eines Förmchens ein Messer einstechen: Haftet beim Herausziehen keine Crème daran, ist das Dessert fertig.

7. Aus dem Ofen nehmen und bei Zimmertemperatur abkühlen lassen. Abdecken und vor dem Servieren über Nacht kühl stellen. Dann mit einem scharfen Messer am Rand der Förmchen entlangfahren, um die Crème abzulösen. Jeweils einen Dessertteller auf die Förmchen legen und die Crème schnell stürzen.

Tipp: Noch leichter geht es, wenn man die Crème in einer großen Keramikschale zubereitet, sodass sich jeder bedienen kann. So essen wir die Crème bei uns zu Hause!

En Dessert

# CRÈME AU CHOCOLAT ET VANILLE DE MAMIE

*Mamies Schoko-Vanille-Creme*

Auf dem Bauernhof meiner Großeltern habe ich mit meinen Cousins und Cousinen unzählige Male *Crème au Chocolat et Vanille* gegessen. Meine Großeltern hatten einen Milchviehbetrieb, weshalb Mamie immer reichlich frische Vollmilch zur Verfügung hatte. Ich liebe dieses schnelle, unkomplizierte Rezept, das eine üppige Nachspeise ergibt. Ihr könnt es in einer großen Schüssel zubereiten oder aber in einzelnen Schälchen.

Für: 8 Personen

Zubehör:

1 große Servierschüssel oder 8 Förmchen, 1 Spieß

Zutaten:

FÜR DIE SCHOKOLADENCREME:
500 ml Vollmilch
100 g feinster Backzucker
60 g gesalzene Butter
200 g Schokolade (mind. 50 % Kakaoanteil)
40 g Weizenmehl Type 405

FÜR DIE VANILLECREME:
500 ml Vollmilch
100 g feinster Backzucker
2 Eier (Größe M) und 1 Eigelb
40 g Weizenmehl Type 405
1 TL Vanillepaste oder das Mark von 2 Vanilleschoten

1. Wenn man beide Cremes zubereitet, Milch und Zucker gemeinsam in einem großen Topf unter Rühren zum Kochen bringen. Danach zum Abkühlen beiseitestellen.

2. Für die Schokoladencreme Butter und Schokolade in einer Schüssel in der Mikrowelle oder im Wasserbad (siehe S. 13) schmelzen. Dann vorsichtig das Mehl hineinsieben und alles gut verrühren. Langsam unter Rühren die Hälfte der Zucker-Milch-Mischung dazugießen und die Mischung wieder auf den Herd stellen. Nun braucht man Geduld! Die Creme bei schwacher Hitze 8–10 Minuten unter Rühren erhitzen, damit die Masse nicht am Topfboden anhaftet. Dann warm halten, bis die Vanillecreme zubereitet ist.

3. Für die Vanillecreme Eier, Eigelb, Mehl, Zucker und Vanillepaste oder -mark in einer großen Schüssel vermengen. Die restliche Zucker-Milch-Mischung unter ständigem Rühren dazugießen. Wieder in den Topf gießen, die Vanilleschote (falls verwendet) dazugeben und alles 3–4 Minuten kochen, bis die Creme andickt (dann Vanilleschote entfernen).

4. Beide Cremes in eine große Servierschüssel oder in acht Förmchen füllen. Dann einen dünnen Spieß hindurchziehen, sodass ein hübscher Marmoreffekt entsteht. Mindestens 1 Stunde in den Kühlschrank stellen und fest werden lassen.



Tipp: Ihr könnt auch nur die *Crème au Chocolat* zubereiten und für die Familie in kleine Förmchen oder Joghurtbecher füllen. Perfekt für Kinder!

# POMMES AU FOUR

## *Bratäpfel*

Ich weiß nicht, ob man *Pommes au four* als Dessert bezeichnen kann. Es war eines von Mamans schnellen Rezepten, die sie im Herbst mit den Äpfeln aus unserem Garten zubereitete. Ich liebe die karamellisierte Oberseite dieser Äpfel. Ihr könnt die Bratäpfel mit *Crème Chantilly* (Crème Chantilly, S. 171) oder mit Vanilleeis und *Sauce Caramel au Beurre Salé* (Karamellsauce mit gesalzener Butter, S. 175) servieren.

Für: 6–8 Personen

Zubehör: 1 Backblech

Zutaten:

6–8 große Äpfel
50 g brauner Rohrzucker
2 TL gesalzene Butter

1. Den Backofen auf 220 °C (Umluft) vorheizen.

2. Die Äpfel auf ein mit Backpapier ausgelegtes Backblech setzen, mit Zucker bestreuen und mit Butterstücken verzieren.

3. Die Äpfel 20 Minuten backen, bis sie goldgelb sind. Herausnehmen und kurz abkühlen lassen. Warm servieren.

Tipp: Man kann für dieses Rezept auch Birnen oder Quitten verwenden.

# TIRAMISU AUX FRAISES D'ÉTÉ

*Sommerliches Erdbeertiramisu*

Mamans Tiramisu (eine der Lieblingsnachspeisen meines Papas) war das erste Dessert, das ich bei mir zu Hause selbst zubereitet habe. Ich weiß nicht mehr, wie alt ich war, als ich Maman zum ersten Mal bei der Zubereitung half – vielleicht sechs oder sieben Jahre. Meine Aufgabe war es, das Eiweiß mit dem Handrührgerät zu Eischnee zu schlagen. Im Laufe der Jahre erlaubte mir Maman, weitere Schritte des Rezepts zu übernehmen, bis ich schließlich alles alleine machen konnte. Dies ist die französische raffinierte Variante meiner Familie für den Sommer – durch die Erdbeeren wird das Tiramisu frischer und leichter als die klassische italienische Version. Dieses Dessert sollte am Vortag zubereitet werden. Stellt es einfach auf den Tisch, sodass sich alle selbst bedienen können.

Für: 6 Personen

Zubehör: 1 große Servierschüssel oder 6 Förmchen

Zutaten:

4 Eier (Größe L)
75 g feinster Backzucker
240 g Mascarpone
100 g *Fromage blanc* (französischer Frischkäse oder griechischer Joghurt)
Salz
2 TL Amaretto (oder Vanilleextrakt)
400 g Erdbeeren
200 g *Boudoir*-Kekse (Löffelbiskuits)
gefriergetrocknete Erdbeeren zum Garnieren

Tipp: Für ein klassisches Kaffee-Tiramisu die Erdbeeren weglassen und eine andere Einweichflüssigkeit für die Löffelbiskuits zubereiten: Dazu 2 Espresso mit 2 Esslöffel Marsalawein und 200 ml Wasser vermengen. Dann das Tiramisu wie rechts beschrieben zusammenstellen.

1. Die Eier trennen und Eiweiß und Eigelb auf zwei Schüsseln verteilen. Den Zucker zum Eigelb geben und einige Minuten mit dem Handrührgerät schaumig rühren. Mascarpone und *Fromage blanc* hinzufügen und alles gut verrühren.

2. Etwas Salz zum Eiweiß geben und mit einem elektrischen Handrührgerät in 3–5 Minuten zu festem Eischnee schlagen. Den Eischnee mit einem Teigspatel vorsichtig unter die Mascarponecreme heben.

3. In eine flache Schale 300 ml heißes Wasser gießen. Den Amaretto dazugeben und beiseitestellen.

4. Die Erdbeeren waschen, trocken tupfen und in Scheiben schneiden (einige Scheiben zum Garnieren beiseitelegen).

5. Die *Boudoir*-Kekse einige Sekunden in die Amaretto-Flüssigkeit tauchen und dann in eine große Servierschüssel oder in einzelne Förmchen legen, bis der Boden der Schüssel oder der Förmchen bedeckt ist. Eine Schicht Erdbeeren darauflegen und mit etwas Mascarponecreme bedecken. Noch eine Schicht Kekse, Erdbeeren und Mascarpone daraufgeben.

6. Abdecken und über Nacht kühl stellen. Mit den beiseitegelegten Erdbeeren und den gefriergetrockneten Erdbeeren garnieren und servieren.

# TARTE MERINGUÉE AUX MYRTILLES

*Blaubeer-Baiser-Tarte*

Als Kind kannte ich keine Blaubeeren. Als ich später ihren feinen Geschmack entdeckte, war es um mich geschehen! Dies ist meine Version der klassischen *Tarte au Citron meringuée* (Zitronen-Baiser-Tarte), mit der wir aufwuchsen. Ihr könnt den Teig selbst backen oder einen Fertigteig verwenden. Der Boden und die Blaubeercreme sollten am Vortag zubereitet werden. Häuft ruhig einen ordentlichen Baiserberg auf die Tarte, damit das Dessert noch eindrucksvoller wird. Wer lieber eine klassische Zitronen-Baiser-Tarte möchte, findet die Anweisungen im Tipp.

Für: 8 Personen

Zubehör:

1 Obstkuchen-/Tarteform (Ø 23 cm), Blindbackkugeln aus Keramik (oder trockener Reis)

Zutaten:

FÜR DEN TEIG:
75 g gesalzene Butter, plus etwas zum Einfetten
150 g Weizenmehl Type 405, plus etwas zum Bestäuben
2 EL feinster Backzucker
½ Ei

FÜR DIE BLAUBEERCREME:
250 g Blaubeeren
180 g feinster Backzucker
4 Eier (Größe L) und 4 Eigelb
Salz
frisch gepresster Saft von ½ Zitrone
60 g Butter

FÜR DAS ITALIENISCHE BAISER:
160 g Eiweiß
Salz
300 g feinster Backzucker

Tipp: Für eine Zitronentarte die Blaubeeren durch 220 ml Zitronensaft (von etwa 5 großen Bio-Zitronen) und den Abrieb von 2 Bio-Zitronen ersetzen.

1. Für den Teig Butter, Mehl und Zucker in einer Schüssel mit den Fingern verreiben, bis die Mischung an Semmelbrösel erinnert. Ei und 2 Esslöffel kaltes Wasser hinzufügen und zu einem Teig vermengen. Den Teig auf einer gut bemehlten Arbeitsfläche zu einer Kugel formen.

2. Die Form einfetten. Den Teig 3–4 mm dick ausrollen (Durchmesser groß genug für Boden und Rand der Form). Den Teig in die Form legen und mit den Fingern andrücken. Überschüssigen Teig mit einem Messer abschneiden. Den Teigboden mehrfach mit einer Gabel einstechen. 15 Minuten in das Tiefkühlfach stellen.

3. Den Backofen auf 180 °C (Umluft) vorheizen. Den Teig mit Backpapier bedecken. Eine Schicht Backkugeln hineinlegen und 15–18 Minuten blindbacken.

4. Inzwischen für die Blaubeercreme die Blaubeeren waschen, trocken tupfen und im Standmixer pürieren. In einen Topf füllen, den Zucker hinzufügen und bei mittlerer Hitze erwärmen. In einer weiteren Schüssel Eier und Eigelbe mit etwas Salz verrühren. Ein Drittel des Blaubeerpürees zur Eiermischung geben und gut verrühren. Die Mischung mit dem Zitronensaft wieder in den Topf geben. Unter langsamem Rühren 5–7 Minuten erhitzen, bis die Masse eindickt. Die Butter dazugeben und zerlassen. Danach abkühlen lassen und in einer Schüssel kühl stellen.

5. Backkugeln und -papier vom Kuchenboden entfernen. Die Creme auf dem Boden verteilen. Bei Zimmertemperatur abkühlen lassen, dann abdecken und mindestens 3 Stunden (oder über Nacht) kühl stellen.

6. Für das Italienische Baiser Eiweiß und etwas Salz mit der Küchenmaschine zu lockerem Eischnee schlagen. Inzwischen Zucker und 10 Esslöffel Wasser in einem Topf 2 Minuten erwärmen, bis sich der Zucker auflöst. Dann 5 Minuten kochen, bis die Mischung sirupartig wird. Den Sirup zum Eischnee geben und 7 Minuten verrühren, bis eine feste, glänzende Masse entsteht.

7. Die Baisermasse mit einem Teigspatel vorsichtig auf der Blaubeercreme verstreichen. Mit dem Flambierbrenner karamellisieren oder die Tarte bei eingeschalteter Grillfunktion im Ofen 30–60 Sekunden backen.

Fraises
Bois

# RIZ AU LAIT DE MAMAN

*Mamans Milchreis*

Da meine Familie und Verwandtschaft erstklassige Lebensmittel herstellte, ging es bei unseren Treffen wie auf dem (Tausch-)Markt zu. Maman hat die frische Milch immer eingeforen und machte mindestens einmal pro Woche *Riz au Lait* daraus. Dieses wunderbare Dessert könnt ihr mit Konfitüre oder geschlagener Sahne servieren.

Für: 6 Personen

Zubehör: 1 Auflaufform

Zutaten:

Butter zum Einfetten
1 l Vollmilch
100 g Milchreis
100 g feinster Backzucker
Mark von 2 Vanilleschoten (oder 2 TL Vanillepaste)

Tipp: In der Bretagne nutzen die Bäcker den noch heißen Brotbackofen, um darin *Ritz au Lait* zu backen. Deckt euren fertigen Milchreis mit Alufolie ab und lasst ihn über Nacht im ausgeschalteten Backofen. So backt er noch ein wenig nach und karamellisiert.

1. Den Backofen auf 180 °C (Umluft) vorheizen.

2. Alle Zutaten in die eingefettete Auflaufform geben und mit einem Teigspatel vermengen.

3. Im Ofen 2 Stunden backen. Nach Bedarf die Form nach der Hälfte der Backzeit mit Alufolie abdecken, wenn der Milchreis zu schnell anbräunt.

4. (Zimmer-)warm mit etwas *Confiture de Fraises de Maman* (Mamans Erdbeerkonfitüre, S. 176), *Confiture de Figues* (Feigenkonfitüre, S. 177) oder geschlagener Sahne servieren.

# TARTE RUSTIQUE AUX FRUITS ET HERBES

*Galette mit Früchten*

Eine Galette (*Tarte rustique*) ist einfacher als eine Tarte, denn sie wird nicht in der Form gebacken, sondern auf einem Backblech von Hand geformt. Ich backe diese Galette oft für Gäste. Ihr könnt dafür auch Steinobst verwenden oder sie mit Lavendel oder Rosmarin aromatisieren – experimentiert einfach ein bisschen! Vergesst nicht, sie nach dem Backen mit frischem Obst und Kräutern zu garnieren. Dazu passt Vanillecreme.

Für: 8 Personen

Zubehör: 1 Backblech

Zutaten:

100 g zimmerwarme, gesalzene Butter
100 g Puderzucker
1 Ei (Größe M), plus 1 Eigelb
1 TL Vanillepaste (oder -extrakt)
Salz
100 g gemahlene Mandelkerne
1 Packung Blätterteig
300 g Himbeeren
200 g Brombeeren
1 Ei, verquirlt, zum Bestreichen
2 TL Mandelblättchen (oder -stifte)
einige Zweige Oregano oder Rosmarin zum Garnieren

1. Den Backofen auf 190 °C (Umluft) vorheizen.

2. Butter und Puderzucker in einer Schüssel mit einem Teigspatel vermengen. Ei und Eigelb nacheinander hinzufügen und gut unterrühren. Vanille, etwas Salz und gemahlene Mandelkerne dazugeben und unterziehen. Beiseitestellen.

3. Den Teig auf einem mit Backpapier ausgelegtem Backblech ausrollen. Die Mandelcreme auf die Mitte setzen und verstreichen. Dabei einen 3 cm breiten Rand frei lassen.

4. Die Beeren waschen und trocken tupfen. Drei Viertel der Früchte auf der Creme verteilen und den Teigrand nach innen klappen, sodass eine Galette entsteht. Den Rand mit dem verquirlten Ei bestreichen. Die Mandelblättchen auf dem Rand verstreuen.

5. Die Galette 25–30 Minuten backen. Nach 20 Minuten prüfen, dass der Teig nicht zu stark anbräunt – bei Bedarf mit Alufolie abdecken.

6. Die Galette herausnehmen und 15 Minuten abkühlen lassen. Vor dem Servieren mit den restlichen Früchten und den Kräutern garnieren.

Tipp: Damit die Galette noch hübscher aussieht, schneide ich den Rand mehrfach mit einem scharfen Messer ein, sodass Bögen entstehen. Ich serviere die Galette warm mit etwas *Crème Anglaise* (Vanillesauce, S. 171).

# COURONNE COCO AUX FRUITS ROUGES ET NECTARINES

*Kokos-Savarin mit roten Beeren und Nektarinen*

Alle Desserts in diesem Kapitel eignen sich wunderbar für eine Essenseinladung. Der Savarin überzeugt jedoch sogar die bereits satten Gäste, davon zu probieren. Mit seiner leichten Konsistenz und der zarten Süße bildet er ein Gegengewicht zu Beeren und Nektarinen. Dieser glutenfreie *Entremet* (Kuchen mit Garnierung) wird am Vortag gebacken und erst kurz vor dem Servieren mit Früchten belegt.

Für: 8 Personen

Zubehör:

1 Savarin-Form aus Silikon oder mit Antihaftbeschichtung, 1 tiefes Backblech, etwas größer als die Form

Zutaten:

1 EL Butter zum Einfetten
3 Eier (Größe L)
100 g feinster Backzucker
250 g griechischer Joghurt
200 ml Kokosmilch
190 g Kokosraspel

FÜR DAS TOPPING:

300 g Beeren (z. B. Erdbeeren, Himbeeren, Johannisbeeren, im Winter auch TK-Beeren)
3 gelbe Nektarinen

Tipp: Stellt den Savarin 5 Minuten in eine mit etwas kochendem Wasser gefüllte Schale, falls er sich schwer aus der Form löst. Fahrt dann mit einem Teigspatel am Rand entlang, um den Kuchen abzulösen. Mit den in der Form verbliebenen Resten bessert ihr den Savarin aus und gebt ihm wieder seine runde Form.

1. Am Vortag den Backofen auf 180 °C (Umluft) vorheizen. Die Savarin-Form einfetten und in das Backblech stellen.

2. Die Eier trennen, Eigelbe und Eiweiße auf zwei Schüsseln verteilen. Zucker und Eigelbe verrühren. Joghurt, Kokosmilch und -raspel hinzufügen und vermengen.

3. Das Eiweiß mit dem Handrührgerät zu festem Eischnee schlagen. Dann den Eischnee mit einem Teigspatel unter den Kokosteig heben.

4. Den Teig in die Form füllen und gleichmäßig verteilen. Etwas kochendes Wasser in das Backblech gießen, sodass es bis auf halbe Höhe der Form reicht. Den Savarin 55–60 Minuten backen. Dann kurz an der Form rütteln, um zu sehen, ob der Kuchen schon fest ist.

5. Den Savarin aus dem Ofen nehmen und in der Form bei Zimmertemperatur abkühlen lassen. Dann abdecken und über Nacht kühl stellen.

6. Mit einem Messer innen am Rand der Form entlangfahren. Einen Servierteller obenauf legen und den Savarin auf den Teller stürzen (siehe Tipp). Für das Topping Beeren und Nektarinen waschen, trocken tupfen und in Scheiben schneiden. Die Früchte auf dem Savarin verteilen oder dazu servieren.

# CRÈME BRÛLÉE À LA VANILLE

*Crème Brûlée mit Vanille*

Ich bin immer wieder entzückt, wenn ich die Karamellschicht auf diesem cremigen Dessert mit einem Löffel aufknacke. Diese Crème brûlée ist kinderleicht zuzubereiten und sehr kostengünstig, aber dennoch oh là là! Himbeeren schmecken auch super dazu.

Für: 6 Personen

Zubehör:

6 Förmchen (Ø 12–14 cm), 1 tiefe Backform für das Wasserbad

Zutaten:

250 ml Vollmilch
750 g Crème double
40 g Vanillepaste (oder Mark von 4 Vanilleschoten)
9 Eigelb (Eiweiß für eine spätere Verwendung einfrieren)
170 g feinster Backzucker
100 g heller Rohrohrzucker

1. Milch, Crème double und Vanillepaste (oder -mark und -schoten) in einem Topf zum Köcheln bringen. Den Herd ausschalten und die Mischung 30 Minuten abkühlen lassen. (Falls verwendet, die Vanilleschoten herausnehmen und die Mischung durch ein Sieb passieren.)

2. Den Backofen auf 100 °C (Umluft) vorheizen.

3. Eigelb und Backzucker in einer hitzebeständigen Schüssel schaumig rühren. Dann langsam die Vanillemilch dazugießen und alles mit einem Teigspatel vermengen.

4. Die Förmchen auf das Backblech stellen und die Vanillecreme auf die Förmchen verteilen.

5. Das Backblech in den Backofen schieben. Für das Wasserbad etwas Wasser bis auf halbe Höhe der Förmchen in das Backblech gießen. Das Backblech mit Alufolie abdecken und die *Crèmes* 45–60 Minuten garen. Sie sollten noch etwas wackeln. Wenn die Förmchen sehr hoch und dickwandig sind, die Backzeit bei Bedarf noch 30 Minuten verlängern.

6. Die *Crèmes* herausnehmen und auf Zimmertemperatur abkühlen lassen. Dann mindestens 3 Stunden (oder über Nacht) kühl stellen.

7. Jede *Crème* mit einer dünnen Schicht Rohrohrzucker bestreuen. Den Zucker mit einem Flambierbrenner karamellisieren. Alternativ einige Minuten bei eingeschalteter Grillfunktion in den Backofen stellen.

Tipp: Falls ihr einen Flambierbrenner habt, könnt ihr die Crème brûlée direkt am Tisch vor den Augen eurer Gäste karamellisieren.

# CLAFOUTIS AUX FRUITS DE SAISONS

*Clafoutis mit Früchten der Saison*

Dieses Rezept, ein Standarddessert meiner beiden Mamies, die dafür saisonales, selbst angebautes Obst verwenden, ist äußerst vielseitig. Noch eleganter wird es, wenn ihr die Früchte vor dem Backen dekorativ darauf anrichtet und das fertige Dessert mit Puderzucker oder Kakaopulver bestäubt. Ich esse es gerne kalt bei einem sommerlichen Grillfest oder warm mit Eiscreme am Kamin (nach einem schönen Braten). Dieses Grundrezept ergänze ich je nach Saison durch andere Zutaten.

Für: 6–8 Personen

Zubehör:

1 rechteckige Metallform (31 x 20 cm) oder 1 runde Auflaufform (25–30 cm)

Zutaten:

4 Eier (Größe M)
100 g feiner Rohrohrzucker zum Backen
150 g Weizenmehl Type 405, plus 1 EL zum Bestäuben
250 ml Vollmilch
60 g gesalzene Butter, plus 1 TL zum Einfetten

FÜR DIE FRÜHLINGSVARIANTE:
300 g Forced Rhubarb (engl. Rhabarbersorte)
50 g feinster Backzucker

FÜR DIE SOMMERVARIANTE:
300 g Aprikosen
2 Zweige Rosmarin, Nadeln abgezupft

FÜR DIE HERBSTVARIANTE:
1 TL Vanillepaste
300 g Feigen
2 EL flüssiger Honig

FÜR DIE WINTERVARIANTE:
3 EL Kakaopulver
50 g Schokotröpfchen
300 g Birnen

1. Eier, Zucker, Mehl und Milch in einer Schüssel zu einem Teig vermengen. Die Butter zerlassen und mit dem Teig verrühren. Beiseitestellen und ruhen lassen.

2. Die saisonalen Varianten vorbereiten.
**Frühling:** Den Rhabarber waschen, trocken tupfen und in Würfel schneiden. In einer Schüssel mit Zucker bestreuen. 1 Stunde ziehen lassen, damit der Saft austritt.
**Sommer:** Aprikosen waschen, trocken tupfen, halbieren und entsteinen. Vor dem Backen mit Rosmarin bestreuen.
**Herbst:** Die Vanillepaste in den Teig rühren. Die Feigen waschen, trocken tupfen und halbieren.
**Winter:** Kakaopulver und Schokotröpfchen in den Teig rühren. Die Birnen waschen, das Kerngehäuse entfernen und halbieren (nach Belieben schälen).

3. Den Backofen auf 170 °C (Umluft) vorheizen. Die Form einfetten und mit Mehl bestäuben, die saisonalen Früchte auf dem Boden anordnen und mit dem Teig bedecken.

4. Den Clafoutis 45–50 Minuten backen, bis der Teig goldgelb und fest ist. Nach der Hälfte der Backzeit prüfen, dass die Oberseite nicht zu stark anbräunt. Bei Bedarf mit Alufolie abdecken.

5. Im Frühling und Sommer kalt servieren, im Herbst und Winter mit Honig beträufeln und warm mit Eiscreme oder geschlagener Sahne servieren.



Tipp: Zu Clafoutis passt jedes Obst. Vielleicht kennt ihr die traditionelle Variante mit Kirschen? Mamie backt ihn auch mit Äpfeln und rührt einen Teelöffel Calvados in den Teig.

# MOUSSE AU CHOCOLAT DE MAMAN

## *Mamans Mousse au Chocolat*

Mein Onkel Jean Charles bereitet in seinem Restaurant *Le Bretagne* in Fougères (Bretagne) eine der besten *Mousses au Chocolat* zu. Er ließ meine Schwester und mich (und meinen Papa) in der Restaurantküche immer die Schüssel ausschlecken, bevor sie abgespült wurde! *Tonton* Jean Charles hält sein Rezept geheim, weshalb Maman ihr eigenes, ebenso gutes Rezept kreieren musste. Das Geheimnis einer guten Mousse liegt meiner Meinung nach in der locker-luftigen Konsistenz der cremigen Masse. Ich mag sie am liebsten mit gesalzener Butter und bestreue sie zum Schluss mit Meersalz.

Für: 8 Personen

Zubehör: 8 Förmchen oder 1 große Servierschüssel

Zutaten:

200 g Schokolade (70 % Kakaoanteil),
plus 50 g, fein gehackt (nach Belieben)
75 g gesalzene Butter
50 g Crème fraîche (oder Crème double)
50 g Puderzucker
4 Eier (Größe L)
Meersalzflocken

1. Schokolade, Butter, Crème fraîche und Puderzucker in einem Topf langsam schmelzen. In der Mikrowelle geht es noch schneller (siehe S. 13).

2. Eiweiße und Eigelbe trennen und auf zwei Rührschüsseln verteilen. Die Eiweiße mit etwas Salz in 5–7 Minuten zu festem Eischnee schlagen. Dann beiseitestellen.

3. Die Eigelbe verrühren, dann die Schokoladenmischung hinzufügen.

4. Die Schoko-Eigelb-Mischung mit einem Teigspatel vorsichtig unter den Eischnee heben. Die Schokomasse dabei kreisförmig einarbeiten und den Teigspatel immer wieder aus der Masse ziehen.

5. Nach Belieben die gehackte Schokolade hinzufügen und die Mousse in Förmchen oder eine große Servierschüssel füllen. Abdecken und vor dem Servieren mindestens 3 Stunden kühl stellen.

Tipp: Oft streue ich noch etwas Sel de Guerande oder Fleur de Sel über die Mousse. Ihr könnt sie auch mit frischen Himbeeren und Crème fraîche servieren.

# GÂTEAUX

# Kuchen

Ich liebe schlichte französische Kuchen, die nicht zu süß schmecken. Außerdem sind sie schnell zubereitet. Für jeden Geschmack ist etwas dabei: Ganz egal, ob es nun ein Kuchen für die Geburtstagsfeier einer Freundin sein soll (Meine Geburtstagstorte mit Schokolade, Kiwi und Kokosnuss, S. 64), ihr einen leicht zu transportierenden Kastenkuchen für ein Picknick benötigt (Marmorkuchen mit Matcha und Vanille, S. 59) oder ihr einfach Lust auf etwas Schokoladiges habt (Einfacher Schokokuchen, S. 68). In den Tipps verrate ich euch zudem einige Aroma- und Toppingalternativen.

# GÂTEAU AUX POMMES ET CALVADOS DE MAMIE

*Mamies Apfelkuchen mit Calvados*

Meine Mamie Gilberte backt ständig diesen Kuchen. In ihrer Küche liegen immer einige Äpfel herum, und die restlichen Zutaten kommen aus dem Vorratsschrank. Der Apfelbranntwein Calvados ist in meiner Heimat sehr beliebt. Er erinnert mich immer an meinen verstorbenen Opa Pierre, der ihn selbst brannte. Er passt perfekt zu den Äpfeln. Falls ihr keinen zur Hand habt, könnt ihr auch Rum oder etwas Zimtpulver nehmen.

Für: 8 Personen

Zubehör:

1 Tarte- oder Obstkuchenform (Ø 20–23 cm)

Zutaten:

200 g gesalzene Butter, plus 1 EL zum Einfetten
200 g Weizenmehl Type 405 (oder 120 g glutenfreies Mehl), plus 1 EL zum Bestäuben
4 Eier (Größe M)
200 g feinster Backzucker, plus etwas zum Bestreuen
1 EL Calvados (oder Rum, nach Belieben)
1 TL Backpulver
3–4 Kochäpfel
Puderzucker zum Bestreuen

Tipp: Mamie serviert diesen Kuchen gerne warm mit hausgemachter Konfitüre mit Rhabarber und Backpflaume (S. 176) oder Erdbeere (S. 176). Auch eine Karamellsauce mit gesalzener Butter (S. 175) passt gut dazu.

1. Den Backofen auf 180 °C (Umluft) vorheizen. Die Form einfetten und mit Mehl bestäuben.

2. Eier und Zucker in einer Rührschüssel verrühren.

3. Die Butter in einem Topf oder in der Mikrowelle zerlassen. Dann unter die Ei-Zucker-Masse rühren, bis der Zucker geschmolzen ist. Nach Belieben Calvados hinzufügen.

4. Backpulver und Mehl in einer Rührschüssel vermengen. Dann zur Eimasse geben und alles zu einem glatten Teig verrühren. Anschließend beiseitestellen.

5. Die Äpfel waschen, das Kerngehäuse entfernen, schälen und jeweils in acht Spalten schneiden.

6. Den Kuchenteig in die Form füllen, mit Apfelspalten belegen und mit Puderzucker bestreuen.

7. Den Kuchen 40 Minuten backen, bis die Oberseite goldgelb ist und an einem in der Mitte des Kuchens eingestochenen Spieß kein Teig mehr haftet.

# QUATRE-QUARTS AU CITRON

*Zitronenrührkuchen*

*Quatre-quarts* bedeutet »vier Viertel«: Ihr verwendet also von jeder der vier Zutaten die gleiche Menge. Wer will, kann sogar zuerst die Eier abwiegen. Ich habe euch die Sache mit festen Gewichtsangaben leichter gemacht. Der »Vierviertelkuchen« erinnert stark an einen Zitronenkuchen mit Guss. Doch statt mit Guss servieren wir ihn gerne mit hausgemachter Konfitüre oder essen ihn mit Joghurt als Nachspeise.

Für: 8–10 Personen

Zubehör: 1 Kastenform (900 g)

Zutaten:

240 g gesalzene Butter, zerlassen, plus 1 TL zum Einfetten
240 g feinster Backzucker
4 Eier (Größe L)
abgeriebene Schale und frisch gepresster Saft von 1 Bio-Zitrone
240 g Weizenmehl Type 405, plus 1 TL zum Bestäuben
2 TL Backpulver



1. Den Backofen auf 180 °C (Umluft) vorheizen.

2. Butter und Zucker in einer Schüssel schaumig schlagen. Dann Eier, Zitronenschale und -saft hinzufügen und einige Minuten kräftig rühren, damit die Masse luftig wird. Mehl und Backpulver dazugeben und alles zu einem glatten Teig verrühren.

3. Die Form einfetten und mit Mehl bestäuben, dann den Teig einfüllen. Mit einem eingefetteten Messer in der Mitte des Teigs eine Linie ziehen. So geht der Kuchen schön auf.

4. Den Kuchen 35–45 Minuten backen, bis der er goldgelb ist und an einem in die Mitte eingestochenen Spieß beim Herausziehen kein Teig mehr haftet.

5. Den Kuchen aus der Form lösen und sofort in Frischhaltefolie wickeln, damit der Dampf nicht austreten kann und der Kuchen schön saftig bleibt.

Tipp: Überzieht den Kuchen mit Mascarponeüberzug (S. 178) oder weißer Schokoladenganache (S. 179) und dekoriert ihn mit Zitronenscheiben oder Blüten. Wenn ihr die Zitrone im Teig weglasst, erhaltet ihr einen herrlich buttrigen Kuchen.

# GÂTEAU AU YAOURT

*Joghurtkuchen auf viererlei Art*

Dies ist der allererste Kuchen, den ich JEMALS mit Maman gebacken habe. In französischen Familien verwenden die Kinder meist Joghurtbecher fürs Abmessen der Zutaten. Ein *Gâteau au Yaourt* schmeckt nicht nur Kindern, weshalb ich hier weitere Vorschläge zum Aromatisieren mache, mit denen sich Gäste jeden Alters verführen lassen!

Für: 8 Personen

Zubehör: 1 Kastenform (450 g)

Zutaten:

GRUNDREZEPT:
125 g griechischer Joghurt
250 g feinster Backzucker
2 Eier (Größe M)
60 g Pflanzenöl, plus etwas zum Einfetten
225 g Weizenmehl Type 405, plus etwas zum Bestäuben
1 TL Backpulver

FÜR DIE CHOCOLATE-CHIP-VARIANTE:
100 g Milchschokoladentröpfchen
1 TL Vanilleextrakt

FÜR DIE VARIANTE MIT AMARENAKIRSCHEN UND MANDELAROMA:
150 g Amarenakirschen
2 TL Mandelaroma

FÜR DIE ORANGENVARIANTE:
abgeriebene Schale und frisch gepresster Saft von 1 mittelgroßen Bio-Orange

FÜR DIE VARIANTE MIT SCHOKOLADEN-MEERSALZ-ÜBERZUG:
150 g Zartbitterschokolade (70 % Kakaoanteil), gehackt
50 g gesalzene Butter
Meersalz

1. Den Backofen auf 180 °C (Umluft) vorheizen.

2. Joghurt und Zucker in einer Rührschüssel verrühren. Die Eier nacheinander dazugeben und unterrühren. Das Öl einrühren, dann Mehl und Backpulver einarbeiten und alles zu einem glatten Teig verarbeiten.

3. Je nach gewählter Rezeptvariante nun die entsprechenden Aromazutaten einrühren.

4. Die Form einfetten und mit Mehl bestäuben. Dann den Teig einfüllen. Mit einem eingefetteten Messer in der Mitte des Teigs eine Linie ziehen. So geht der Kuchen schön auf. Im Ofen 30–35 Minuten backen, bis an einem in die Mitte eingestochenen Spieß beim Herausziehen kein Teig mehr haftet.

5. Den Kuchen aus der Form lösen und sofort in Frischhaltefolie wickeln, damit der Dampf nicht austreten kann und der Kuchen schön saftig bleibt.

6. Nach Belieben für den Schokoladenüberzug die Schokolade mit der Butter in einem Wasserbad (siehe S. 13) schmelzen und über den abgekühlten Kuchen gießen. Mit etwas Meersalz bestreuen.

# GÂTEAU AUX FRAISES

*Französische Erdbeertorte*

Dies ist wahrscheinlich eine der besten und einfachsten Biskuittorten mit zwei Tortenböden, besonders wenn ihr kein großer Fan von Tortenüberzügen seid. Diese Torte war immer ein Erfolg – inzwischen ist sie der beliebteste Sommer-*Gâteau* der Familie meines Mannes! Ihr müsst nicht unbedingt eine Torte zubereiten, da ihr den Teig auch in einer Form oder auf einem Backblech backen könnt. Ich bestreiche den Biskuitboden mit Mascarpone und belege ihn mit Erdbeeren.

Für: 8–10 Personen

Zubehör:

2 Backformen (Ø 15 cm) oder 1 rechteckige Backform (20 x 30 cm) oder 1 runde Backform (Ø 23 cm)

Zutaten:

115 g zimmerwarme, gesalzene Butter, plus 1 TL zum Einfetten
200 g feinster Backzucker, plus 2 TL zum Bestreuen
2 Eier (Größe L)
30 g (2 EL) Crème fraîche (oder saure Sahne)
1 TL Vanilleextrakt
1 TL Backpulver
180 g Weizenmehl Type 405, plus 1 TL zum Bestäuben
500 g Erdbeeren

FÜR DIE MASCARPONECREME:
250 g Mascarpone
40 g Puderzucker, plus etwas zum Bestreuen
1 TL Vanillepaste

1. Den Backofen auf 180 °C (Umluft) vorheizen.

2. Butter und Zucker in einer Rührschüssel einige Minuten mit dem Handrührgerät verrühren. Die Eier nacheinander dazugeben und unterrühren. Dann Crème fraîche und Vanilleextrakt hinzufügen. Vorsichtig Backpulver und Mehl unterheben und alles zu einem glatten Teig vermengen.

3. Die Form(en) einfetten und den Boden (jeweils) mit Backpapier auslegen. Den Innenrand mit Mehl bestäuben.

4. Die Hälfte der Erdbeeren waschen, trocken tupfen und beiseitelegen. Die restlichen Erdbeeren in Scheiben schneiden.

5. Den Teig auf beide Formen verteilen (oder in eine Form füllen). Die Erdbeerscheiben in die Form(en) legen und leicht in den Teig drücken. Mit dem restlichen Zucker bestreuen. Den Kuchen 25–30 Minuten backen, bis an einem in die Mitte eingestochenem Spieß beim Herausziehen kein Teig mehr haftet. Herausnehmen und in der Form abkühlen lassen. Dann auf einem Kuchengitter vollständig abkühlen lassen.

6. Für die Mascarponecreme alle Zutaten in einer Schüssel vermengen. Einige Esslöffel Mascarponecreme auf einem der beiden Kuchenboden verstreichen. Einige ganze Erdbeeren in Scheiben schneiden und auf der Creme verteilen. Den zweiten Kuchenboden darauflegen und mit der restlichen Mascarponecreme bestreichen. Mit den restlichen ganzen Erdbeeren garnieren. Mit Puderzucker bestreuen und sofort servieren.

Tipp: Für eine Torte mit Überzug empfehle ich, diese Biskuitböden zu backen und sie dann mit einem Mascarponeüberzug (S. 178) zu bedecken. Ein toller Geburtstagskuchen!

# TARTE TATIN DE MAMAN

## *Mamans Tarte Tatin*

Wenn ihr im Restaurant auf der Speisekarte eine *Tarte Tatin* entdeckt, müsst ihr nicht mehr überlegen, was ihr nehmt! Ich finde, dass sie jeden Schokofondant- oder Käsekuchen übertrifft. Mein Geheimnis für eine perfekte *Tarte Tatin* sind die gesalzene Butter, die Äpfel und das Vorgaren der Äpfel. Die Süße des Karamells wird durch die gesalzene Butter ausgeglichen. Verwendet süße Apfelsorten, die beim Kochen nicht zerfallen, z. B. Braeburn oder Reinette. Maman kocht ihre Äpfel in der Karamellsauce im Backofen oder auf dem Herd direkt in der Backform. Noch einfacher wird das Rezept, wenn ihr fertigen Mürbe- oder Blätterteig von guter Qualität kauft.

Für: 8 Personen

Zubehör:

1 runde Backform oder 1 Form für Tarte Tatin (Ø 23 cm)

Zutaten:

FÜR DEN TEIG:

125 g zimmerwarme, gesalzene Butter
150 g Weizenmehl Type 405, plus etwas für die Arbeitsfläche
1 Ei (Größe M)

FÜR DIE FÜLLUNG:

300 g feinster Backzucker
100 g Crème double
100 g gesalzene Butter
1 TL Salz
8 große Äpfel (z. B. Braeburn oder Reinette), Kerngehäuse entfernt, geschält und geviertelt

1. Für den Teig Butter und Mehl in einer Schüssel mit den Fingerspitzen verreiben, bis die Mischung an Semmelbrösel erinnert. Ei und 3 Esslöffel kaltes Wasser hinzufügen und alles mit den Händen zu einem Teig verkneten. Den Teig auf einer gut bemehlten Arbeitsfläche zu einer Kugel formen. In Frischhaltefolie wickeln und 15 Minuten in den Kühlschrank legen.

2. Inzwischen für die Füllung Zucker und 2 Esslöffel kaltes Wasser in einem Topf verrühren und bei mittlerer Hitze 5 Minuten erhitzen, bis sich Karamell bildet. Vorsichtig unter Rühren die Crème double hinzufügen. Zum Schluss Butter und Salz dazugeben und zu einer glatten Sauce verrühren.

3. Den Backofen auf 180 °C (Umluft) vorheizen.

4. Die Äpfel bei mittlerer Hitze in einem Topf garen. Die Hälfte der Karamellsauce dazugießen und die restliche Sauce beiseitestellen. Alles 10 Minuten köcheln lassen (die Äpfel sollten etwas weicher sein). Dann in der Form dekorativ verteilen.

5. Den Teig auf die Größe der Form ausrollen und die Äpfel mit dem Teig bedecken. Den Teig mit einer Gabel mehrfach einstechen, damit er nicht zu stark aufgeht. Die Tarte 30 Minuten backen, bis sie goldgelb ist.

6. Sofort auf eine Servierplatte stürzen (siehe Tipp) und warm mit der restlichen Karamellsauce servieren.

Tipp: Vor dem Stürzen überschüssigen Saft aus der Tarte abgießen und zur restlichen Karamellsauce geben. So erhaltet ihr eine wunderbare Sauce, die ihr über die fertige Tarte gießen könnt. Mit Vanilleeis oder geschlagener Sahne servieren.

# MARBRÉ AU MATCHA ET À LA VANILLE

*Marmorkuchen mit Matcha und Vanille*

Dieses Rezept verbindet meine Kindheit mit einer Reise nach Japan. *Marbré* ist ein typisch französischer Kuchen, der oft zu Kinderpartys serviert wird. Er ist saftig und schmeckt köstlich. Ich hatte vor einigen Jahren das Glück, drei Wochen in Japan zu leben, und entdeckte damals leckere japanische *Pâtisserie* sowie umwerfende Kuchen und Kekse! Dort lernte ich auch Matchapulver kennen, dessen intensiver, bitterer Geschmack nach grünem Tee perfekt zur milden Vanillepaste in diesem Kuchen passt.

Für: 10–12 Personen

Zubehör: 1 Kastenform (900 g)

Zutaten:

200 g gesalzene Butter, zerlassen, plus 1 TL zum Einfetten
100 g Kochsahne (Sahneersatz auf pflanzlicher Basis)
250 g feinster Backzucker
5 Eier (Größe M)
300 g Weizenmehl Type 405, plus 1 TL zum Bestäuben
1 ½ TL Backpulver
1 TL Vanillepaste
2 TL Matchapulver
1 TL natives Olivenöl extra zum Einfetten

FÜR DEN SCHOKOLADENÜBERZUG (NACH BELIEBEN):

100 g weiße Schokolade
2 TL Matchapulver

1. Butter, Kochsahne und Zucker in einer Schüssel 1 Minute mit dem Handrührgerät verrühren. Die Eier nacheinander einrühren. Mehl und Backpulver hineinsieben und alles kurz zu einem glatten Teig vermengen.

2. Die Hälfte des Teigs in eine andere Schüssel füllen. Die Vanillepaste zu einer Teighälfte und das Matchapulver zur anderen geben und jede 30 Sekunden vermengen.

3. Den Backofen auf 180 °C (Umluft) vorheizen. Die Form einfetten und mit Mehl bestäuben. Die Hälfte des Vanilleteigs in die Form gießen, mit der Hälfte des Matchateigs bedecken und den Vorgang wiederholen. Zum Schluss ein Messer vier- bis fünfmal vorsichtig in den Teig tauchen und wieder herausziehen, sodass die beiden Teige marmoriert werden.

4. Mit einem eingefetteten Messer in der Mitte des Teigs eine Linie ziehen. So geht der Kuchen schön auf. Im Ofen 50–55 Minuten backen, bis an einem in die Mitte eingestochenen Spieß beim Herausziehen kein Teig mehr haftet.

5. Einige Minuten in der Form abkühlen lassen. Dann stürzen und auf einem Kuchengitter vollständig abkühlen lassen.

6. Für den Überzug (nach Belieben) Schokolade und Matchapulver in einem Topf oder in der Mikrowelle einige Sekunden erhitzen und bei Bedarf wiederholen (Achtung: weiße Schokolade brennt sehr schnell an). Dann über den *Marbré* gießen.

Tipp: Wickelt den heißen Kuchen in Frischhaltefolie, sodass die Feuchtigkeit während des Abkühlens nicht verloren geht. So bleibt der Kuchen länger saftig und weich.

# GÂTEAU AUX ABRICOTS, AMANDE ET LAVANDE

*Aprikosen-Mandel-Kuchen mit Lavendel*

Der Süden Frankreichs ist ohne Lavendel nicht vorstellbar. Wenn ich an die Blüten und den verführerischen Duft denke, entspanne ich mich sofort. Auf dieses Rezept bin ich während eines Urlaubs mit Freunden in Bergerac gestoßen. Ich verwendete dafür Aprikosen vom Markt und Lavendel aus dem Garten. Dieser Blechkuchen lässt sich mit anderem Steinobst oder Kräutern variieren (siehe Tipp).

Für: 8 Personen

Zubehör:

1 rechteckiges Backblech (31 x 25 cm) oder 1 Kuchenform (Ø 23 cm)



Zutaten:

100 g gesalzene Butter, plus 1 TL zum Einfetten
180 g Weizenmehl Type 405, plus 1 TL zum Bestäuben
3 Eier (Größe M)
135 g brauner Rohrzucker, plus etwas zum Bestreuen
1 TL Vanilleextrakt
Salz
1 TL Backpulver
100 g gemahlene Mandelkerne
80 g griechischer Joghurt
100 g Pflanzenöl
8–10 Aprikosen, entsteint
¼ TL Lavendelblüten

1. Den Backofen auf 190 °C (Umluft) vorheizen. Die Form einfetten und mit Mehl bestäuben.

2. Eier, Zucker, Vanilleextrakt und etwas Salz in einer Rührschüssel vermengen. Butter, die Hälfte des Mehls, Backpulver und gemahlene Mandelkerne unterrühren. Joghurt und restliches Mehl einrühren. Das Öl dazugießen und alles zu einem glatten Teig vermengen.

3. Die Aprikonsen waschen, die Hälfte würfeln und den Rest in dünne Scheiben schneiden (als Belag beiseitelegen). Die Aprikosenwürfel unter den Teig heben.

4. Den Teig in die Form gießen und mit den Aprikosenscheiben belegen. Mit etwas Zucker bestreuen und 40–45 Minuten backen. Herausnehmen und sofort servieren.

Tipp: Mandelkerne passen zu jedem Steinobst: Ihr könnt Aprikosen und Lavendel durch Pflaumen und Rosmarin, Pfirsich und Thymian oder sogar Mirabellen und Minze ersetzen.

# GÂTEAU À LA PISTACHE ET ROSE

*Pistazienkuchen mit Rosenaroma*

Das zarte Aroma der Rose sollte behutsam eingesetzt werden. Der feine florale Duft lässt sich wunderbar mit Pistazien kombinieren und erinnert mich immer an unseren Familienurlaub in Marokko. Wir verbrachten die Zeit mit einheimischen Freunden, die uns die fantastische marokkanische Küche näherbrachten, besonders die *Pâtisseries* der Region. Ich liebe diese Kombination, und da ich meine Kuchen ungern mit zu vielen Aromen überfrachte, setze ich hier auf ein einfaches Rezept.

Für: 8–10 Personen

Zubehör:

1 Gugelhupf- oder 1 andere Backform (Ø 23 cm),
1 Backpinsel

Zutaten:

220 g zimmerwarme, gesalzene Butter,
plus 2 TL zum Einfetten
120 g Weizenmehl Type 405, plus 2 TL zum Bestäuben
200 g feiner Rohrohrzucker
4 Eier (Größe M)
100 g gemahlene Pistazienkerne
100 g gemahlene Mandelkerne
2 TL Rosenwasser
3 EL Crème fraîche (oder saure Sahne)
3 TL Backpulver

FÜR DEN GUSS:
200 g Puderzucker
1 Eiweiß
einige Pistazienkerne, gehackt

1. Den Backofen auf 170 °C (Umluft) vorheizen. Die Form mit 2 Teelöffel Butter einfetten und mit Mehl bestäuben.

2. Butter und Zucker in der Schüssel der Küchenmaschine auf mittlerer Stufe leicht schaumig schlagen. Die Eier nacheinander hinzufügen und nach Bedarf mit einem Teigspatel den Rand der Schüssel abschaben. Gemahlene Pistazien- und Mandelkerne, Rosenwasser und Crème fraîche dazugeben und 30 Sekunden vermengen. Zum Schluss das restliche Mehl und Backpulver in den Teig einarbeiten.

3. Den Teig in die Form füllen und mit einem Teigspatel glatt streichen. Im Ofen 40–45 Minuten backen. Wenn an einem in die Mitte eingeführten Spieß kein Teig mehr haftet, ist der Kuchen fertig. Sofort auf ein Kuchengitter stürzen, die Form abnehmen und den Kuchen vollständig abkühlen lassen.

4. Inzwischen für den Guss Puderzucker und Eiweiß zu einer dickflüssigen Paste verrühren. Nach Bedarf noch etwas Wasser dazugeben. Den abgekühlten Kuchen damit übergießen und anschließend mit gehackten Pistazien bestreuen.

5. In Stücke schneiden und pur oder mit etwas geschlagener Sahne genießen.

Tipp: Falls euer Kuchen leicht grünlich werden soll, gebt einfach 1 Teelöffel Matchapulver oder grüne Lebensmittelfarbe zum Teig.

# MON GATEAU D'ANNIVERSAIRE AU KIWI, NOIX DE COCO ET CHOCOLAT

*Meine Geburtstagstorte mit Schokolade, Kiwi und Kokosnuss*

Wenn ich diese Torte backe, sind meine Freundinnen und Freunde immer überrascht. Nach dem ersten Bissen höre ich immer ein »Oh, wow«, »Mmmm« und »Richtig gut«. Der beste Beweis, dass man zum Geburtstag nicht immer eine Schokotorte braucht! Dies ist meine Lieblingsgeburtstagstorte und auch die meines Bruders Pierre (ein toller Bäcker und Koch!). Dieser fantastisch schmeckende Kuchen enthält zahlreiche Aromen, die jedoch bestens harmonieren.

Für: 8–10 Personen

Zubehör: 1 Springform (Ø 23 cm)

Zutaten:

140 g gesalzene Butter, plus etwas zum Einfetten
240 g Weizenmehl Type 405, plus etwas zum Bestäuben
240 g feinster Backzucker
80 g Crème fraîche
30–40 ml Vollmilch (2–3 EL)
2 Eier (Größe L)
1 TL Vanilleextrakt
1 TL Backpulver
100 g Zartbitterschokolade (70 % Kakaoanteil), geschmolzen
5–6 Kiwis, geschält und in Scheiben geschnitten

FÜR DIE CREME:

50 g feinster Backzucker
abgeriebene Schale von 2 und frisch gepresster Saft von 1 Bio-Zitrone
1 Blatt Gelatine
240 g Mascarpone
50 g Kokosraspel

1. Den Backofen auf 160 °C (Umluft) vorheizen. Die Form einfetten und mit etwas Mehl bestäuben.

2. Butter und Zucker mit der Küchenmaschine schaumig rühren.

3. Crème fraîche, Milch, Eier und Vanilleextrakt in einer anderen Schüssel vermengen. Die Mischung abwechselnd mit Mehl und Backpulver in die Buttermasse einrühren und zu einem glatten Teig vermengen.

4. Den Teig in die Form füllen und glatt streichen. Im Ofen 35–40 Minuten backen, bis an einem in die Mitte des Kuchens eingeführten Spieß kein Teig mehr haftet. Abkühlen lassen.

5. Den Kuchen horizontal halbieren. Die Schnittseite der Böden mit der Schokolade bestreichen. Abkühlen und fest werden lassen (Nach Bedarf 10 Minuten in das Tiefkühlfach stellen).

6. Für die Creme Zucker, Zitronenabrieb,-saft und Gelatine in einem kleinen Topf bei schwacher Hitze erwärmen, bis sich die Gelatine auflöst. Einige Minuten abkühlen lassen. Mascarpone und Kokosraspel hinzufügen und alles gut verrühren.

7. Die Creme schnell auf die Schokolade auf einen Tortenboden auftragen. Dann den Tortenboden 1 Stunde in den Kühlschrank stellen, damit die Creme fest wird. Dann den anderen Tortenboden daraufsetzen und mit den Kiwischeiben belegen.

Tipp: Wenn ihr keine Kiwifans seid, könnt ihr sie durch eine Mischung aus Erdbeeren und Himbeeren ersetzen, die ebenfalls hervorragend schmeckt!

# GÂTEAU AUX CAROTTES QUE MÊME LES FRANÇAIS ADORENT

*Ein Karottenkuchen, den selbst die Franzosen lieben*

Als ich meiner Familie zum ersten Mal von Karottenkuchen erzählte, fragte sie nur perplex: »*Un gâteau aux carottes?*« (»Ein Kuchen aus Karotten?«). Ich musste einfach einen backen, damit sie mir glaubten! Heutzutage kennt man in Frankreich wesentlich mehr Kuchen amerikanischer und englischer Art. Es war zudem das erste Mal, dass meine Familie einen mehrschichtigen Kuchen mit Überzug probierte. Inzwischen lieben alle diesen Kuchen so sehr, dass ich ihn zum 30. Hochzeitstag meiner Eltern und zum 30. Geburtstag meiner Schwester backen musste.

Für: 8–10 Personen

Zubehör:

3 Kuchenformen (Ø 15 cm) oder 2 Kuchenformen (Ø 20 cm)

Zutaten:

1 TL Butter zum Einfetten
300 g Weizenmehl Type 405, plus 1 TL zum Bestäuben
1 ½ TL Backpulver
200 g feinster Backzucker
150 g Muscovadozucker (oder anderer feuchter brauner Rohrzucker)
Meersalz
1 EL Zimtpulver
1 TL Lebkuchengewürz
100 g Walnusskerne (nach Belieben), gehackt
280 ml Pflanzenöl
4 Eier (Größe L)
1 TL Vanillepaste
5–6 mittelgroße Karotten, gerieben (ca. 300 g)

FÜR DEN FRISCHKÄSEÜBERZUG:
120 g zimmerwarme, gesalzene Butter
400 g Puderzucker
220 g Frischkäse
1 TL Vanillepaste

1. Den Backofen auf 180 °C (Umluft) vorheizen. Die Kuchenformen einfetten und mit Mehl bestäuben.

2. Mehl, Backpulver, beide Zuckersorten, etwas Salz, Zimt und Lebkuchengewürz in einer Schüssel kurz vermengen. Nach Belieben gehackte Walnusskerne dazugeben.

3. Pflanzenöl, Eier und Vanillepaste in einer anderen Schüssel vermengen. In die Mehlmischung einrühren und zu einem glatten Teig verarbeiten. Die Karotten hinzufügen und alles mit einem Teigspatel vermengen.

4. Den Teig auf die Formen verteilen und 35–45 Minuten backen, bis an einem in die Mitte eingeführtem Spieß beim Herausziehen kein Teig mehr haftet. Auf ein Kuchengitter stürzen, die Form abnehmen und die Böden vollständig abkühlen lassen.

5. Inzwischen für den Frischkäseüberzug die Butter 2 Minuten mit der Küchenmaschine rühren. Die Hälfte des Puderzuckers dazugeben und weitere 2 Minuten rühren. Frischkäse und Vanillepaste einrühren, den restlichen Puderzucker hinzufügen und einige Minuten weiterrühren.

6. Die Oberseite eines Kuchenbodens mit einem Messer mit Wellenschliff horizontal abschneiden. Das Messer dazu waagerecht halten und rund um den Kuchenboden führen, sodass ein flacher Biskuitboden entsteht. Etwas Frischkäsecreme mit einem Teigspatel 5 mm dick auf den ersten Kuchenboden auftragen. Den zweiten Boden darauflegen und mit dem restlichen Überzug bestreichen (bei drei kleineren Böden die Masse für den Überzug gleichmäßig aufteilen).

Tipp: Mir gefällt dieser Kuchen mit seinem schlichten, eleganten Überzug und einigen frischen Blumen am besten. Wer es klassisch mag, bestreut den Kuchen mit Walnusskernen.

# GÂTEAU SIMPLE AU CHOCOLAT

*Einfacher Schokokuchen*

Meine Schwester und ich waren untröstlich, als Maman ihren ersten Silikonteigspatel kaufte. Bedeutete dies doch, dass sie die Reste aus der Rührschüssel herausschaben konnte und für unsere kleinen Finger nichts zum Schlecken übrig blieb! Besonders glücklich waren wir immer über diesen *Gâteau au Chocolat* gewesen. Inzwischen backe ich ihn selbst und kann nun so viel rohen Teig essen, wie ich möchte! Noch raffinierter wird er mit Amarenakirschen und Schokotröpfchen.

Für: 8 Personen

Zubehör: 1 Springform (Ø 23–25 cm)

Zutaten:

200 g gesalzene Butter
150 g Zartbitterschokolade (70 % Kakaoanteil)
4 Eier (Größe M)
200 g feinster Backzucker
2 TL Crème fraîche
40 g ungesüßtes Kakaopulver
70 g Weizenmehl Type 405
100 g Vollmilchschokoladentröpfchen (nach Belieben)
100 g getrocknete Amarenakirschen (nach Belieben)

1. Den Backofen auf 180 °C (Umluft) vorheizen.

2. Butter und Schokolade in einem Topf oder in einer Schüssel in der Mikrowelle zerlassen.

3. Eier und Zucker in einer anderen Schüssel einige Minuten schaumig schlagen. Dann die Crème fraîche hinzufügen und kurz verrühren.

4. Die Schoko-Butter-Mischung zur Eimasse geben und mit einem Teigspatel einarbeiten. Kakaopulver und Mehl hineinsieben und mit dem Teigspatel unterziehen, bis ein glänzender Teig entsteht.

5. Nach Belieben Schokoladentröpfchen und Kirschen hinzufügen und untermengen. Dabei je 1 Teelöffel zum Garnieren beiseitelegen.

6. Den Kuchen im Ofen 25–27 Minuten backen (er sollte in der Mitte noch weich sein). 15 Minuten abkühlen lassen und dann aus der Form nehmen. Warm servieren oder nach Belieben vollständig abkühlen lassen. Mit den restlichen Schokoladentröpfchen und Kirschen garnieren.

Tipp: Falls ihr nur einen schlichten Schokokuchen möchtet (ohne Kirschen oder Schokotröpfchen), könnt ihr ihn mit Puderzucker bestäuben und warm mit Sahne servieren.

# PÂTISSERIES

# Gebäck

In diesem Kapitel geht es um die klassisch französischen *Pâtisseries*, wie man sie aus den meisten *Boulangeries* kennt. Meine Maman machte sich nie die Mühe, Éclairs oder Croissants selbst zuzubereiten – das überließen wir lieber den Fachleuten. Stattdessen ging sie alle paar Tage zu unserer *Boulangerie* im Dorf und kaufte dort frisch gebackene Exemplare. Wir sind sehr stolz darauf, dass mein Cousin Julien, der früher als *Boulanger* in Paris arbeitete und inzwischen zwei Bäckereien in Antibes besitzt, einmal den Preis für das beste Baguette von Paris gewonnen hat. Der französische Präsident wird Woche für Woche mit dem jeweiligen besten Baguette des Jahres beliefert!

Ich habe mir selbst einige Methoden der Profis angeeignet und zeige euch in diesem Kapitel die einfachste Technik für die Zubereitung von französischer *Pâtisserie*. Falls ihr gerne Gebäck aus Brandteig (*Choux*) ausprobieren möchtet, solltet ihr mit *Chouquettes* (Brandteigbällchen, S. 95) oder *Choux à la Pistache et Framboise* (Windbeutel mit Pistaziencreme und Himbeeren, S. 75) anfangen, bevor ihr euch z. B. an die *Mini Pièce Montée* (Mini Croque en Bouche, S. 88) wagt. Für besondere Gelegenheiten habt ihr die Wahl zwischen einer unkomplizierten, aber göttlichen *Millefeuille au Caramel* (Millefeuille mit Karamell, S. 92), einer schlichten *Tarte aux Fraises et Crème Pâtissière au Citron* (Erdbeer-Zitronen-Tarte, S. 82) oder einer *Tarte au Chocolat Sel de Mer* (Schokoladentarte mit Meersalz, S. 98).

# CHOUX À LA PISTACHE ET FRAMBOISE

*Windbeutel mit Pistaziencreme und Himbeeren*

Dieses Rezept ist eine leichtere Variante des klassischen *Choux à la Crème*. Ihr könnt es mit Aromazutaten eurer Wahl verfeinern. Ich gebe manchmal Erdbeeren oder Blaubeeren dazu oder verstecke im Inneren einen Klecks Nussnougatcreme!

Ergibt: 6–8 große Windbeutel

Zubehör:

1 Spritzbeutel mit Lochtülle (Ø 1 cm) und 1 Sterntülle (Ø 2 cm)

Zutaten:

FÜR DIE WINDBEUTEL (CHOUX):
80 g gesalzene Butter
2 TL feinster Backzucker
120 g Weizenmehl Type 405
3 Eier (Größe L), plus bei Bedarf 1 Ei, plus 1 Eigelb, verquirlt, zum Bestreichen

FÜR DIE PISTAZIENCREME:
500 g kalte Crème double
3 EL Puderzucker
3 EL Pistazienpaste
300 g Himbeeren

1. Für den Brandteig 150 ml Wasser, Butter und Zucker bei mittlerer Hitze erwärmen, bis die Butter schmilzt. Vom Herd nehmen und das Mehl dazugeben. Mit einem Teigspatel einige Minuten vermengen, bis sich eine Teigkugel bildet. 10 Minuten abkühlen lassen.

2. Den Teig in der Schüssel der Küchenmaschine 30 Sekunden rühren. Bei eingeschaltetem Gerät die Eier nacheinander hinzufügen, bis eine dickflüssiger, aber glatter Teig entsteht. Wenn ihr den Teigspatel in den Teig steckt, sollte er eine V-Form ergeben. Bei Bedarf noch ein Ei dazugeben, falls der Teig zu klebrig ist. Dann den Teig in den Spritzbeutel mit Lochtülle füllen.

3. Den Backofen auf 220 °C (Umluft) vorheizen.

4. Für den Brandteig 2 Backbleche mit Backmatten oder Backpapier auslegen. Große Teighäufchen (5–6 cm hoch) im Abstand von 3 cm spritzen, bis der Teig aufgebraucht ist. Dann die Backbleche 10 Minuten in den Kühlschrank stellen.

5. Den Brandteig aus dem Kühlschrank nehmen und mit dem Eigelb bestreichen: So werden die Windbeutel beim Backen schön goldgelb.

6. Die Backofentemperatur auf 200 °C (Umluft) reduzieren und die Windbeutel 18 Minuten backen (keinesfalls die Backofentür öffnen!). Danach den Backofen ausschalten und kurz die Backofentür öffnen, damit der Dampf entweichen kann. Wieder schließen und die Windbeutel im Backofen 15–20 Minuten trocknen lassen.

7. Inzwischen für die Pistaziencreme die Crème double mit der Küchenmaschine einige Minuten auf mittlerer Stufe aufschlagen. Puderzucker und Pistazienpaste hinzufügen und auf hoher Stufe einige Minuten verrühren. Die Creme sollte dickflüssig sein. Die Pistaziencreme in den Spritzbeutel mit großer Sterntülle füllen. Beiseitelegen.

8. Die Windbeutel aus dem Backofen nehmen und jeweils den oberen Teil als »Hütchen« abschneiden. Die Himbeeren waschen und trocken tupfen. Die Creme in mehreren dekorativen Klecksen auf den unteren Teil der Windbeutel spritzen. Zwischen den Klecksen jeweils eine Himbeere platzieren. Die Teighütchen daraufsetzen und die Windbeutel servieren.

Tipp: Pistazienpaste erhält man im italienischen Feinkostgeschäft. Ansonsten durch Vanillepaste ersetzen oder selbst herstellen: Dazu geröstete Pistazienkerne in einem Hochleistungsstandmixer 5 Minuten zu einer Paste verarbeiten.

# GALETTE DES ROIS

## *Dreikönigskuchen*

Mit meinen 30 Jahren habe ich bereits an die hundert Stück von diesem Kuchen gegessen. Am zweiten Januarwochenende ersetzen die *Boulangeries* und Geschäfte in ganz Frankreich den *Bûches de Noël* durch den *Galette des Rois*. Nach der religiösen Tradition versteckt man zu Heiligdreikönig als Opfergabe eine *Fève* (eine Porzellanfigur, die ursprünglich eine Krippenfigur war, nun aber auch eine andere Form haben kann) in jedem Kuchen. Wer in seinem Stück *Galette* diese Figur entdeckt, wird König oder Königin des Tages und darf eine Papierkrone tragen. In meiner Familie war es üblich, dass sich die jüngste Person im Raum unter den Tisch setzt und bestimmt, wer welches Stück bekommt. Als Kinder liebten wir diesen Kuchen besonders wegen der *Fève*! Heute liebe ich einfach nur die Kombination von Mandelcreme und Blätterteig!



Für: 8 Personen

Zubehör: 1 Backblech, 1 Porzellanfigur

Zutaten:

130 g gesalzene Butter
80 g feinster Backzucker
130 g gemahlene Mandelkerne
2 Eier (Größe L)
Salz
1 TL Vanilleextrakt
1 TL Rum
2 Packungen Blätterteig
1 Ei, mit 1 EL Vollmilch verquirlt, zum Bestreichen

1. Für die Mandelcreme Butter und Zucker in einer Schüssel schaumig schlagen. Gemahlene Mandelkerne und Eier hinzufügen und zu einer glatten Paste vermengen. Etwas Salz, Vanilleextrakt und Rum einrühren.

2. Mithilfe eines Tellers und eines scharfen Messers 2 Blätterteigkreise (Ø 20 cm) ausschneiden.

3. Einen Teigkreis auf ein mit Backpapier ausgelegtes Backblech setzen. Die Mandelcreme darauf verstreichen oder spritzen und die *Fève* darauflegen. Rundherum 1,5 cm frei lassen. Den Rand mit etwas verquirltem Ei bestreichen.

4. Den zweiten Teigkreis darauflegen und beide Kreise am Rand mit den Fingern zusammendrücken. Den Rand in regelmäßigen Abständen mit einem Messer leicht eindrücken (siehe Foto, rechte Seite) und die Galette mit noch etwas Ei bestreichen. 30 Minuten kühl stellen.

5. Inzwischen den Backofen auf 170 °C (Umluft) vorheizen. Die Galette aus dem Kühlschrank nehmen und mit dem restlichen Ei bestreichen. Dann 30–35 Minuten goldgelb backen.

Tipp: Wer keine *Fève* hat, verwendet eine große Münze, die zuvor gesäubert und sterilisiert wurde.

# MERINGUE FRANÇAISE

*Französisches Baiser*

Ich erinnere mich, dass ich in der *Boulangerie* immer den größten Baiser haben wollte. Nach dem Verzehr dieses süßen, zuckrigen Kissens klebten an Mund und Fingern Unmengen an Krümeln – das fand ich am besten! Die Baisers lassen sich gut zum Picknick mitnehmen. Oder ihr zaubert schnell eine Pavlova daraus: Dazu braucht ihr nur noch etwas *Crème Chantilly* (Crème Chantilly, S. 171), ein wenig *Coulis à la Framboise* (Himbeersauce S. 172) sowie frische Früchte.

Für: 6–8 Personen

Zubehör: 1 Backblech

Zutaten:

150 g Eiweiß ( von 4 Eiern, Größe L)
Salz
300 g feinster Backzucker

ZUM BESTÄUBEN:
Kakaopulver
Himbeerpulver
Matchapulver

1. Den Backofen auf 120 °C (Umluft) vorheizen.

2. Eiweiße und etwas Salz in einer Schüssel mit der Küchenmaschine auf mittlerer Stufe einige Minuten schlagen, bis das Eiweiß schaumig wird. Dann die Geschwindigkeit erhöhen und zu festem Eischnee schlagen. Nach und nach den Backzucker einstreuen. Mindestens 4–5 Minuten schlagen, bis die Baisermasse schön glänzt.

3. Zwei Häufchen Baisermasse auf ein mit Backpapier ausgelegtes Backblech setzen und mit einem der Toppings bestäuben. Mit der Rückseite des Löffels nach Bedarf die Baisers in Form bringen. Insgesamt 6–8 Baisers auf dem Backblech verteilen.

4. Die Baisers 1 Stunde backen, dann den Backofen ausschalten und die Baisers im Ofen weitere 1–2 Stunden trocknen lassen.



Tipp: Für eine perfekte Baisermasse müssen alle Geräte blitzsauber sein. Spritzt etwas Zitronensaft oder Essig auf ein Küchentuch und wischt damit Schüssel und Schneebesen ab, um Fettreste zu entfernen. Für eine feste, stabile Baisermasse am besten zimmerwarmes Eiweiß von 1 Woche alten Eiern verwenden.

# TARTE AUX FRAISES ET CRÈME PÂTISSIÈRE AU CITRON

*Erdbeer-Zitronen-Tarte*

Im Sommer verwende ich Erdbeeren, so oft es nur geht, und backe immer wieder diese Tarte. Die zitronige *Crème Pâtissière* sorgt für ein spritziges Aroma, sodass die Tarte nicht so süß wie die traditionelle Version mit Vanille schmeckt. Zum Schluss mit frischen Minzblättern und Gänseblümchen garnieren und mit Puderzucker bestäuben.

Für: 8 Personen

Zubehör:

1 Tarteform (Ø 20–23 cm), Blindbackkugeln aus Keramik (oder trockener Reis)

Zutaten:

FÜR DEN SÜSSEN TEIG:

250 g Weizenmehl Type 405, plus etwas zum Bestäuben
150 g Puderzucker, plus etwas zum Bestäuben
Salz
100 g zimmerwarme, ungesalzene Butter, gewürfelt, plus etwas zum Einfetten
2 Eier (Größe M), verquirlt
400–500 g saftige Erdbeeren

FÜR DIE ZITRONIGE CRÈME PÂTISSIÈRE:

400 ml Vollmilch
4 Eigelb (Größe M, Eiweiß für eine andere Verwendung einfrieren)
30 g Weizenmehl Type 405
75 g feinster Backzucker
abgeriebene Schale von 1 und frisch gepresster Saft von ½ Bio-Zitrone

1. Mehl, Puderzucker und etwas Salz in einer großen Rührschüssel vermengen. Die Butter mit den Fingern einarbeiten, bis die Mischung an Semmelbrösel erinnert. Die verquirlten Eier hinzufügen und alles zu einem Teigball verarbeiten. Den Teig auf einem Teller flach drücken, mit Frischhaltefolie abdecken und 30 Minuten in den Kühlschrank oder 10 Minuten in das Tiefkühlfach stellen (falls es schnell gehen muss).

2. Inzwischen für die *Crème Pâtissière* die Milch in einem Topf vorsichtig erwärmen. Eigelbe, Mehl und Zucker in einer Glasschüssel schaumig rühren. Die warme Milch dazugießen und gut verquirlen. Die Mischung wieder in den Topf gießen. Zitronensaft und -abrieb dazugeben und alles bei mittlerer Hitze 3–5 Minuten erwärmen. Dabei langsam mit einem Holzlöffel umrühren. Die *Crème* sollte allmählich am Holzlöffel haften und andicken. Sobald sie die Konsistenz von Mayonnaise hat, ist sie fertig. Wieder in die Glasschüssel geben, abdecken und abkühlen lassen.

3. Die Arbeitsfläche mit Mehl bestäuben und den Teig mit der Teigrolle 3–4 mm dick ausrollen. Die Tarteform mit etwas Butter einfetten und mit dem Teig auslegen. Den Teig mit den Fingern andrücken. Überschüssigen Teig abschneiden. Den Teigboden mit einer Gabel mehrfach einstechen (so backt er gleichmäßiger und bildet keine Blasen). 30 Minuten in den Kühlschrank oder 10 Minuten in das Tiefkühlfach stellen.

4. Den Backofen auf 170 °C (Umluft) vorheizen. Den Teigboden mit Backpapier und Backkugeln belegen und 20–25 Minuten blindbacken. In der Form auf einem Kuchengitter vollständig abkühlen lassen.

5. Die *Crème Pâtissière* auf dem Teigboden verteilen und mit der Rückseite eines Löffels glatt streichen. In den Kühlschrank stellen. Die Erdbeeren waschen und in Spalten schneiden. Dann die Erdbeeren auf der *Crème* verstreuen und mit etwas Puderzucker bestäuben.

Tipp: Falls etwas Teig übrig bleibt, könnt ihr daraus Cookies formen und mit dem Teigboden in den Backofen schieben.

# LES CROISSANTS ET PAINS AU CHOCOLAT

## *Croissants und Pains au Chocolat*

Da es bei der Zubereitung von Croissants nur wenige Abkürzungen gibt, ist dies wahrscheinlich das längste Rezept des Buches. Lest es wie alle anderen Rezepte gründlich durch, folgt den Anweisungen und habt Vertrauen. Wer will, kann die Hälfte des Teigs bis zu 1 Monat im Tiefkühlfach aufbewahren. Lasst ihn dann über Nacht im Kühlschrank auftauen und am Morgen bei Zimmertemperatur 1 Stunde aufgehen, bevor ihr die frischen Croissants backt.

Ergibt: 8 Croissants und 8 *Pains au Chocolat*

Zubehör: 1 Backblech

Zutaten:

500 g Weizenmehl Type 812,
plus etwas zum Bestäuben
10 g Salz (2 TL)
60 g feinster Backzucker
100 ml Vollmilch
10 g Trockenhefe (2 TL, oder 25 g frische Hefe)
1 Ei (Größe M), plus 1 Ei, verquirlt, zum Bestreichen
100 g zimmerwarme, gesalzene Butter
250 g kalte Butter

FÜR DIE PAINS AU CHOCOLAT:

100 g Zartbitterschokolade (70 % Kakaoanteil),
in 10 lange Riegel geschnitten

1. Mehl, Salz und Zucker in der Rührschüssel der Küchenmaschine mit dem Knethaken vermengen. Milch, 125 ml Wasser, Hefe, Ei und zimmerwarme Butter dazugeben und auf niedriger Stufe 3 Minuten verrühren. Auf mittlerer Stufe weitere 5–8 Minuten vermengen, bis der Teig sich vom Rand der Schüssel löst.

2. Den Teig in eine andere saubere Schüssel geben, mit Frischhaltefolie abdecken und an einem warmen Ort aufgehen lassen, bis sich sein Volumen verdoppelt hat (dauert je nach Temperatur 1–2 Stunden).

3. Den Teig danach mit sauberen Händen abschlagen, damit die Luft entweicht. In Frischhaltefolie wickeln und 20 Minuten in das Tiefkühlfach legen.

4. Die Arbeitsfläche leicht mit Mehl bestäuben. Den Teig zu einem Rechteck (1,5 cm dick) ausrollen und beiseitelegen.

5. Die kalte Butter auf Backpapier legen und ein weiteres Stück Backpapier darauflegen. Mit der Teigrolle zu einem 20 cm großen Quadrat ausrollen.

6. Das Butterquadrat in die Mitte des Teigs legen. Die Teigränder wie einen Umschlag nach innen falten. Die Ränder mit den Fingern zusammendrücken.

7. Den Teig auf ein 60 x 20 cm großes Rechteck (1,5 cm dick) ausrollen. Eine kurze Seite parallel zur Kante der Arbeitsfläche legen. Das obere Drittel des Teigs umklappen und dann das untere Drittel einklappen, sodass es das obere Drittel bedeckt. Den Teig um 90 Grad drehen, damit die offene Kante nach rechts zeigt.

8. Den Teig wieder auf die ursprüngliche Rechteckgröße ausrollen. Das obere Viertel und dann das untere Viertel einklappen. Beide Kanten sollten sich in der Mitte treffen. Nochmals mittig zusammenfalten. Mit Frischhaltefolie abdecken und 30 Minuten kühl stellen.

9. Den Teig halbieren (eine Hälfte für die Croissants und die andere für die *Pains au Chocolat*). Beide Hälften jeweils auf 70 x 30 cm ausrollen und ungleichmäßige Ränder abschneiden.

10. Für die Croissants acht lange Dreiecke entlang der Längsseite des Rechtecks abschneiden und an der Basis eines jeden Dreiecks 1 cm lang einschneiden. Den Teig mit beiden Händen von der Basis zur Spitze des Dreiecks hin aufrollen. Die Croissants auf ein mit Backpapier ausgelegtes Backblech legen.

11. Für die *Pains au Chocolat* acht Rechtecke entlang der Längsseite des Teigs abschneiden. Jeweils einen Schokoriegel an den Rand eines jeden Rechtecks legen und mit dem Teig einwickeln. Die *Pains au Chocolat* auf ein mit Backpapier ausgelegtes Backblech legen.

12. Alle Gebäckstücke mit dem verquirltem Ei bestreichen. An einem warmen Ort 1 Stunde gehen lassen.

13. Den Backofen auf 220 °C (Umluft) vorheizen. Das Gebäck 12–15 Minuten goldgelb backen.

# MINI PIÈCE MONTÉE

*Mini Croque en Bouche*

Das *Pièce Montée* für meine Kommunionsfeier fiel schon in der *Boulangerie* zusammen und schaffte es nicht bis zu uns nach Hause. Schuld war natürlich die Hitze! *Pièces Montées* sind ein traditionelles Gebäck für besondere Festtage – ich wollte unbedingt ein Exemplar für meine Hochzeit! Es sollte ein beeindruckender Turm aus Brandteigbällchen sein. Dieses Grundrezept benötigt ihr, falls ihr euren eigenen Turm errichten wollt. Das Rezept für diesen spektakulären Kuchen besteht aus mehreren Schritten – aber es lohnt sich!

Für: 10–12 Personen

Zubehör:

2 Spritzbeutel mit Lochtülle (Ø 1 cm), 1 großes Glas, 2 große Backbleche

Zutaten:

FÜR DEN BRANDTEIG:
80 g Butter
10 g feinster Backzucker (2 gehäufte TL)
120 g Weizenmehl Type 405
3–4 Eier (Größe M), plus 1 Eiweiß zum Bestreichen

Pflanzenöl zum Einfetten
essbare Blüten zum Garnieren

FÜR DIE CRÈME PÂTISSIÈRE:
5 Eigelb (Größe M, 1 Eiweiß für den Brandteig aufbewahren, den Rest einfrieren)
150 g feinster Backzucker
100 g Weizenmehl Type 405
1 l Vollmilch
1 TL Vanilleextrakt

FÜR DEN KARAMELL:
400 g feinster Backzucker
2 TL Apfelessig

1. Für den Brandteig 150 ml Wasser, Butter und Zucker bei hoher Hitze in einem Topf verrühren, bis die Butter schmilzt. Mit einem Holzlöffel das Mehl kräftig einrühren, bis sich eine glatte Teigkugel bildet, die sich vom Topfrand löst. Den Topf vom Herd nehmen und den Brandteig im Topf 10 Minuten abkühlen lassen.

2. Den Backofen auf 200 °C (Umluft) vorheizen.

3. Den Teigball in die Schüssel der Küchenmaschine geben und die Eier nacheinander unter Rühren hinzufügen. Wenn der Teig zu dickflüssig ist, das restliche Eiweiß dazugeben.

4. Einen Spritzbeutel mit dem Brandteig füllen und den Beutel aufschneiden, sodass er eine 1 cm breite Öffnung hat. Bällchen (Ø 2 cm) auf ein mit Backpapier belegtes Backblech spritzen. Die Oberseite der Bällchen mit einer in Wasser oder Eiweiß getauchten Gabel leicht eindrücken. Die Bällchen mit Eiweiß bestreichen. 20 Minuten backen. Dann die Backofentür öffnen, damit der Dampf entweichen kann. Danach wieder schließen. Die Brandteigbällchen im ausgeschalteten Backofen 30–60 Minuten vollständig abkühlen lassen.

5. Inzwischen für die *Crème Pâtissière* Eigelbe, Zucker und Mehl in einer Schüssel vermengen. Milch und Vanilleextrakt in einem Topf erhitzen und unter Rühren zur Eigelbmischung geben. Die Flüssigkeit wieder in den Topf füllen und bei mittlerer Hitze 3–4 Minuten eindicken lassen. Mit einem Holzlöffel umrühren, bis die *Crème* daran haftet. Den Topf vom Herd nehmen, mit Frischhaltefolie abdecken und abkühlen lassen. Danach in einen Spritzbeutel füllen.

6. Die Unterseite eines Brandteigbällchens einstechen und die Öffnung mit etwas *Crème Pâtissière* füllen – das Bällchen ist voll, sobald es sich »schwer« anfühlt. Mit den restlichen Bällchen ebenso verfahren.

7. Für den Karamell Zucker und Essig in einem schweren Topf erhitzen, bis der Zucker zu schmelzen beginnt. Dann 4–5 Minuten goldgelb karamellisieren lassen. Den Topf dabei schwenken, damit der Karamell warm bleibt.

8. Die Oberseite eines jeden Bällchens kurz in die Karamellsauce tauchen und mit der Oberseite nach unten auf Backpapier legen.

9. Ein hohes Glas für den Aufbau des *Pièce Montée* mit Pflanzenöl bestreichen, damit der Karamell nicht daran haftet. Für den Turm eine Seite eines Bällchens in Karamell tauchen und schnell an ein weiteres Bällchen kleben. Die Bällchen rund um das Glas anordnen. Achtung: Die Karamellsauce ist sehr heiß und klebrig. Das Glas nach mehreren Bällchenschichten vorsichtig herausziehen und das *Pièce Montée* abschließen. Die restliche Karamellsauce mit einer Gabel darüberträufeln und den Turm mit essbaren Blüten garnieren.

# MILLEFEUILLE AU CARAMEL

## *Millefeuille mit Karamell*

*Millefeuille* bedeutet so viel wie »tausend Blätter«, was sich auf die vielen Schichten des Blätterteigs bezieht. Für dieses Rezept bereiten wir einen ganz einfachen schnellen Blätterteig zu: So ist alles ganz easy, obwohl das Gebäck fantastisch aussieht! Bei uns zu Hause wurde die traditionelle *Crème Pâtissière* meist von Fondant gekrönt. Noch delikater schmeckt es mit unserer Karamellvariante.

Für: 8 Personen

Zubehör: 2 (oder 3) Backbleche, 1 Zahnstocher

Zutaten:

FÜR DEN BLITZBLÄTTERTEIG:
200 g ungesalzene Butter
250 g Weizenmehl Type 405,
plus etwas zum Bestäuben
5 g Salz (1 TL)

FÜR DEN KARAMELL:
200 g feinster Backzucker

FÜR DIE CRÈME PÂTISSIÈRE MIT KARAMELL:
500 ml Vollmilch
5 Eigelb (Größe M)
70 g feinster Backzucker
50 g Weizenmehl Type 405

FÜR DIE EIWEISSGLASUR:
2 Eiweiß (Größe M)
200–250 g Puderzucker
1 TL Kakaopulver

1. Für den Teig die Butter würfeln und 10 Minuten in das Tiefkühfach legen.

2. Mehl, Salz und Butter in einer Schüssel mit den Knethaken der Küchenmaschine auf niedriger Stufe 30 Sekunden grob vermengen.

3. Zur Masse 125 ml kaltes Wasser gießen und den Teig auf niedriger bis mittlerer Stufe einige Minuten kneten. Die Butterstücke sollten noch sichtbar sein! Den Teig aus der Schüssel nehmen und zu einer groben Kugel formen. In Frischhaltefolie wickeln und 15 Minuten in den Kühlschrank legen.

4. Die Arbeitsfläche leicht mit Mehl bestäuben und den Teig zu einem Rechteck (15 x 50 cm) ausrollen. (Die Größe kann folgendermaßen ausgemessen werden: Hand = Breite, Oberarm = Länge). Eine kurze Teigseite parallel zur Kante der Arbeitsfläche legen. Dann das obere Drittel nach unten klappen und das untere Drittel nach oben darüberschlagen, damit ein Quadrat entsteht. Den Teig um 90 Grad drehen, sodass sich die offene Kante rechts befindet. Den Teig wieder auf die vorherige Größe ausrollen und noch einmal wie beschrieben falten. In Frischhaltefolie wickeln und 5–10 Minuten in das Tiefkühlfach legen. Erneut den Teig ausrollen, falten, drehen, ausrollen, falten (siehe oben) – dann ist der Teig fertig. In den Kühlschrank legen.

5. Inzwischen für den Karamell Zucker und 2 Esslöffel Wasser in einem schweren Topf bei mittlerer Hitze einige Minuten erhitzen. Den Zucker karamellisieren lassen, bis er eine schöne Bernsteinfarbe annimmt. Beiseitestellen, aber warm halten.

6. Für die *Crème Pâtissière* die Milch in einem anderen Topf bei mittlerer Hitze erwärmen. Den Karamell dazugießen und gut einrühren. Dann vorsichtig zum Kochen bringen. Eigelbe und Zucker in einer hitzebeständigen Rührschüssel verrühren. Dann das Mehl unterrühren. Die Karamellmilch unter Rühren zur Eigelbmischung gießen. Dann alles wieder in den Topf füllen und 3–5 Minuten erhitzen, bis die Konsistenz der Mischung an Mayonnaise erinnert. Den Topfinhalt in eine Schüssel füllen, mit Frischhaltefolie abdecken, abkühlen und eindicken lassen. Im Kühlschrank aufbewahren, bis die *Millefeuille* zusammengestellt wird.

7. Den Backofen auf 180 °C (Umluft) vorheizen. Den Teig in drei Stücke schneiden und die Arbeitsfläche leicht mit Mehl bestäuben. Die Teigstücke zu drei großen Rechtecken (20 x 25 cm, 3–5 mm dick) ausrollen. Mit einer Gabel kleine Löcher einstechen, damit der Teig gleichmäßig aufgeht. Im Ofen 20 Minuten backen, bis er goldgelb und blättrig ist.

8. Die Hälfte der *Crème Pâtissière* mit einem Teigspatel auf eine der Teigplatten auftragen. Mit einer Teigplatte abdecken und diese mit der restlichen *Crème Pâtissière* bestreichen. Die letzte Teigplatte darauflegen.

9. Für die Eiweißglasur Eiweiße und Puderzucker zu einer dickflüssigen Paste verrühren. 1 Esslöffel Glasur beiseitestellen und mit dem Kakaopulver vermengen. Die weiße Glasur mit einem Teigspatel auf der obersten Teigplatte verstreichen. Mit der Kakaoglasur Linien auftragen. Mit einem Zahnstocher abwechselnd nach oben und nach unten durch die Linien fahren, sodass ein Muster entsteht. Vor dem Servieren mindestens 3 Stunden fest werden lassen.

# CHOUQUETTES

*Brandteigbällchen*

Im letzten Sommer standen meine Tochter und ich einmal in der Schlange der *Boulangerie*, um Croissants fürs Frühstück zu kaufen. Fleur konnte dem süßen Duft nicht widerstehen und war ziemlich ungeduldig. Als der *Boulangère* dies bemerkte, gab er ihr eine *Chouquette*, um die Wartezeit zu verkürzen. Endlich kehrte dank dieser Brandteigbällchen mit Hagelzucker Ruhe ein. *Chouquettes* serviert man traditionell bei Hochzeiten zum Champagnerempfang, doch Kindern schmecken sie jederzeit!

Ergibt: 24 Stück

Zubehör:

1 Spritzbeutel mit Lochtülle (Ø 1 cm), 1 großes Backblech

Zutaten:

125 ml Vollmilch
125 g gesalzene Butter
Salz
150 g Weizenmehl Type 405
4 Eier (Größe M), plus 1 Ei, verquirlt, zum Bestreichen
4 EL Hagelzucker

1. In einem Topf 125 ml Wasser, Milch, Butter und etwas Salz zum Kochen bringen. Dann vom Herd nehmen, das Mehl dazugeben und mit einem Teigspatel vermengen. Den Topf bei mittlerer Hitze wieder auf den Herd stellen und die Flüssigkeit 2–3 Minuten einkochen lassen. Vom Herd nehmen, in eine Schüssel füllen und 10 Minuten abkühlen lassen.

2. Den Teig in die Schüssel der Küchenmaschine geben, die Eier nacheinander hinzufügen und verrühren. Der Teig sollte glatt und sehr klebrig sein.

3. Den Backofen auf 165 °C (Umluft) vorheizen. Den Spritzbeutel mit dem Teig füllen und Häufchen (Ø 2 cm) auf ein mit Backpapier ausgelegtes Backblech spritzen.

4. Die *Chouquettes* mit dem verquirlten Ei bestreichen und mit dem Hagelzucker bestreuen.

5. Im Ofen 20 Minuten backen, ohne die Backofentür zu öffnen. Nach dem Backen kurz öffnen, damit der Dampf entweicht. Dann wieder schließen und die *Chouquettes* im Backofen 30 Minuten trocknen lassen.

# TARTE AU CHOCOLAT ET SEL DE MER

*Schokoladentarte mit Meersalz*

Diese Tarte ist ein weiterer französischer Klassiker – und das ideale Dessert für Schokoladenfans und alle, die es nicht zu süß mögen. Dieses Rezept ist außerdem ganz unkompliziert, perfekt für ein Treffen mit Freunden! Ihr könnt die Tarte am Vortag zubereiten und mit *Sauce Façon Bueno* (Sauce à la Kinder Bueno, S. 174) oder *Crème Anglaise* (Vanillesauce, S. 171) servieren. Vergesst nicht, die Tarte mit Meersalz zu bestreuen: Das Salz intensiviert das Schokoladenaroma!

Für: 8–10 Personen

Zubehör:

1 runde Tarteform (Ø 23 cm), Blindbackkugeln aus Keramik (oder trockener Reis)

Zutaten:

FÜR DEN TEIG:

120 g zimmerwarme gesalzene Butter
220 g Weizenmehl Type 405, plus etwas zum Bestäuben
100 g Puderzucker
25 g ungesüßtes Kakaopulver
30 g gemahlene Mandelkerne
1 Ei (Größe M)

FÜR DIE SCHOKOLADENGANACHE:

180 g Zartbitterschokolade (60–70 % Kakaoanteil)
75 g Vollmilch (5 EL)
180 g Crème double
2 Eier (Größe M)
20 g gesalzene Butter
Meersalz zum Bestreuen

1. Für den Teig Butter, Mehl und Puderzucker in der Rührschüssel der Küchenmaschine einige Minuten verrühren. Dann Kakaopulver, gemahlene Mandelkerne und Ei hinzufügen und weitere 30 Sekunden vermengen. Zum Schluss 1 Esslöffel Wasser dazugeben und 30 Sekunden weiterrühren. Den Teig auf der Arbeitsfläche mit den Händen zu einer Kugel formen, in Frischhaltefolie wickeln und 15 Minuten in den Kühlschrank legen.

2. Die Arbeitsfläche leicht mit Mehl bestäuben. Den Teig 2 mm dick auf die Größe für die Tarteform ausrollen. Den Teigboden mit Backpapier auslegen und mit Blindbackkugeln bedecken. Dann 1 Stunde in den Kühlschrank oder 15 Minuten in das Tiefkühlfach stellen.

3. Den Backofen auf 170 °C (Umluft) vorheizen und den Teigboden 20 Minuten blinbacken. Vorsichtig die Backkugeln herunternehmen und den Boden beiseitestellen. Die Backofentemperatur auf 140 °C (Umluft) reduzieren.

4. Inzwischen für die Ganache die Schokolade in eine hitzebeständige Schüssel geben und beiseitestellen. Milch und Crème double in einem Topf zum Kochen bringen. Dann sofort vom Herd nehmen und über die Schokolade gießen. Die Schokolade 1 Minute schmelzen lassen. Anschließend zu einer glatten Ganache verrühren. Die Eier hinzufügen und kräftig rühren, ohne aber zu viel Luft einzuarbeiten. Dann die Butter einarbeiten.

5. Die Ganache auf dem Tarteboden verteilen und 30 Minuten backen. Die Füllung sollte fest sein, aber noch etwas wackeln. Bei Bedarf etwas länger backen.

6. Vor dem Servieren einige Stunden in den Kühlschrank stellen. Zum Servieren mit etwas Meersalz bestreuen.

# ÉCLAIR AU CHOCOLAT PRALINÉ

## *Schoko-Éclairs mit Crème Praliné*

*Éclair au Chocolat* ist ein Klassiker aus der *Boulangerie*: Ich verwende für meine *Éclairs* eine *Crème Praliné* (hausgemacht mit Haselnüssen und Karamell wie in meinem Rezept *Paris Brest*, S. 106, oder eine Fertigpaste aus einem französischen Feinkostladen bzw. online gekauft) und überziehe sie mit einer dunklen Schokoglasur. Die *Éclairs* aus Brandteig werden mit aromatisierter *Crème Pâtissière* gefüllt.

Für: 12 Personen

Zubehör: 1 Spritzbeutel mit Lochtülle (Ø 1,5 cm)

Zutaten:

FÜR DEN BRANDTEIG:
60 g zimmerwarme, gesalzene Butter
10 g feinster Backzucker (2 TL)
120 g Weizenmehl Type 405
3 Eier (Größe M), plus 1 Eigelb zum Bestreichen

FÜR DIE SCHOKOLADIGE CRÈME PÂTISSIÈRE:
500 ml Vollmilch
100 g feinster Backzucker
4 Eigelb (Größe M)
50 g Speisestärke
15 g ungesüßtes Kakaopulver (2 EL)
3 EL *Crème Praliné*, gekauft oder selbst gemacht (S. 106)

FÜR DIE GLASUR:
150 g Zartbitterschokolade (60–70 % Kakaoanteil)
20 ml Pflanzenöl (4 TL)
Salz

1. Den Backofen auf 200 °C (Umluft) vorheizen.

2. Für den Brandteig 150 ml Wasser, Butter und Zucker in einem Topf stark erhitzen und mit einem Holzlöffel vermengen, bis die Butter zerlassen ist. Das Mehl hinzufügen und alles kräftig verrühren, bis ein glatter Teig entsteht, der sich vom Topfrand löst. Den Topf vom Herd nehmen und den Brandteig im Topf 10 Minuten abkühlen lassen.

3. Den Teig in die Rührschüssel der Küchenmaschine geben. Auf mittlere Stufe die Eier nacheinander einrühren. Jeweils kurz vermengen.

4. Den Teig in einen Spritzbeutel mit Lochtülle füllen. In gleichmäßigem Abstand zwölf Linien (12 cm Länge) auf Backpapier spritzen. Die *Éclairs* mit Eigelb bestreichen und 20–25 Minuten backen. Weitere 10 Minuten im Backofen trocknen lassen.

5. Für die *Crème Pâtissière* die Milch und die Hälfte des Zuckers in einem Topf zum Kochen bringen. Eigelbe, Speisestärke, restlichen Zucker, Kakaopulver und *Crème Praliné* in einer hitzebeständigen Rührschüssel vermengen. Die Hälfte der heißen Milch unter Rühren zur Eimischung geben und dann die Mischung wieder in den Topf gießen. Bei mittlerer Hitze 4 Minuten erwärmen, bis die Mischung dickflüssig und glatt ist. In eine flache Schüssel gießen, mit Frischhaltefolie abdecken und vollständig abkühlen lassen.

6. Die *Crème Pâtissière* in den Spritzbeutel mit kleiner Lochtülle füllen. An der Unterseite eines jeden *Éclairs* (an der flachen Seite des Brandteigs) drei Löcher einstechen und mit der *Crème Pâtissière* füllen, bis sich die *Éclairs* schwer anfühlen.

7. Für die Glasur Schokolade und Öl in einem Topf oder in einer Schüssel in der Mikrowelle schmelzen. Etwas Salz hinzufügen. Das obere Drittel eines jeden *Éclairs* in die Schokolade tauchen. Zum Festwerden mindestens 1 Stunde in den Kühlschrank stellen.

Tipp: Mit gerösteten gehackten Haselnüssen bestreut, sehen die Éclairs noch eleganter aus.

# TARTE BOURDALOUE TONKA

*Mandeltarte mit Birne und Tonkabohnen*

Dies ist womöglich die eleganteste aller Tartes. Birnen werden gerne unterschätzt, schmecken aber hervorragend – besonders in Kombination mit Tonkabohnen (in Backgeschäften oder online erhältlich) und Mandelcreme. Die sehr süßen Tonkabohnen erinnern geschmacklich an Vanille, sind jedoch aromatischer. Das Rezept ist sehr einfach – mit Fertigteig geht es sogar noch schneller. Eine tolle Tarte nach einem herbstlichen Abendessen.

Für: 8 Personen

Zubehör: 1 Tarteform mit Rillenrand (Ø 23–25 cm)

Zutaten:

FÜR DEN TEIG:
100 g zimmerwarme, gesalzene Butter, gewürfelt
2 TL feinster Backzucker
Salz
175 g Weizenmehl Type 405,
plus etwas zum Bestäuben
1 Eigelb (Größe M)
2 EL Vollmilch

FÜR DIE MANDELCREME:
120 g zimmerwarme, gesalzene Butter
90 g feinster Backzucker
2 Eier (Größe M)
120 g gemahlene Mandelkerne
½ Tonkabohne, gerieben
1 TL Weizenmehl Type 405
4 reife Birnen
Mandelblättchen (oder -stifte) zum Bestreuen
Puderzucker zum Bestäuben (nach Belieben)

1. Für den Teig Butter, Zucker, etwas Salz und Mehl in einer Schüssel vermengen. Eigelb und Milch hinzufügen, alles schnell vermengen und den Teig zu einer Kugel formen. (Der Teig sollte nicht zu lang geknetet werden.) Abdecken und 20 Minuten in den Kühlschrank legen.

2. Für die Mandelcreme Butter und Zucker in einer Schüssel mit einem Teigspatel vermengen. Die Eier hinzufügen und gut unterrühren. Gemahlene Mandelkerne, Tonkabohne und Mehl unterrühren und beiseitestellen.

3. Den Teig aus dem Kühlschrank nehmen. Eine Arbeitsfläche mit Mehl bestäuben und den Teig auf die Größe der Tarteform 3–4 mm dick ausrollen. Die Tarteform damit auslegen und den Teig mit den Fingern am Rand festdrücken. Überschüssigen Teig abschneiden. Den Teigboden mit einer Gabel mehrfach einstechen und die Form 20 Minuten in den Kühlschrank oder 5 Minuten in das Tiefkühlfach stellen.

4. Den Backofen auf 180 °C (Umluft) vorheizen.

5. Die Birnen waschen, schälen, das Kerngehäuse entfernen und dann die Birnen senkrecht halbieren. Die beiden Hälften jeweils fein einschneiden, ohne die Unterseite zu durchtrennen. Die Birnen auf den Teigboden legen und etwas auseinanderfächern. Die freien Stellen mit der Mandelcreme auffüllen. Mit Mandelblättchen bestreuen und 35–40 Minuten im Ofen goldgelb backen.

6. Die Tarte warm servieren oder nach Belieben mit Puderzucker bestäuben und kalt servieren.

Tipp: Falls ihr keine reifen Birnen bekommt, könnt ihr Birnen aus der Dose nehmen, die auch meist in der *Boulangerie* zum Einsatz kommen.

# MERVEILLEUX DE LILLE

*Wunder von Lille*

Die »Wunder von Lille« zählen zu meinen Lieblings-*pâtisseries*! Im Norden Frankreichs bekommt man sie fast überall. Ich habe in Lille studiert und nach der Vorlesung oft eines dieser Teilchen in der *Pâtisserie* gekauft. Sie bestehen aus zwei französischen Baisers, die mit aufgeschlagener Crème double zusammengeklebt und dann in geriebener Schokolade oder Lotus-Karamellkeksbröseln gerollt werden. Sie schmecken wie eine knusprige, und doch weiche Wolke!

Ergibt: 12 mittelgroße *Merveilleux*

Zubehör:

2 Spritzbeutel mit Lochtülle (Ø 1 cm), 1 Backblech

Zutaten:

FÜR DIE FRANZÖSISCHEN BAISERS:
4 Eiweiß (Größe M)
240 g Puderzucker
1 TL Speisestärke

FÜR DIE CREME:
300 g kalte Crème double

ZUM AROMATISIEREN DER CREME:
Crème Praliné (S. 106 oder gekauft), Lotus-Karamellaufstrich (z. B. Biscoff), geschmolzene Schokolade, Kokosraspel, Zitronenabrieb

TOPPINGS ZUM WÄLZEN:
Schokoladenraspel, gehackte Nusskerne nach Belieben, Lotus-Karamellkeksbrösel

1. Den Backofen auf 100 °C (Umluft) vorheizen.

2. Für die Baisers die Eiweiße in einer großen Schüssel 2 Minuten zu Eischnee schlagen. Esslöffelweise den Puderzucker dazugeben und unterziehen. Zum Schluss die Speisestärke einrühren. Weitere 5 Minuten schlagen, bis die Baisermasse fest und glänzend ist.

3. Die Baisermasse in den Spritzbeutel füllen und Kreise (Ø 3–4 cm) auf eine Backmatte oder auf ein mit Backpapier ausgelegtes Backblech spritzen. Im Ofen 1–1 ¼ Stunden backen. Dann den Backofen ausschalten und die Baisers darin noch 1 Stunde trocknen lassen.

4. Die Crème double in der Rührschüssel der Küchenmaschine 2–3 Minuten schlagen, bis sie fest wird. Auf drei Schüsseln verteilen. In jede Schüssel 1 Teelöffel einer Aromazutat nach Wahl geben und jeweils vermengen.

5. Etwas aromatisierte Creme auf ein abgekühltes Baiser spritzen und ein weiteres Baiser daraufsetzen. Mit etwas Creme krönen und die Creme mit einem Teigspatel glatt streichen.

6. Das Baiser in einem Topping nach Wahl wälzen und dann servieren.

# PARIS BREST (meine Lieblings-*Pâtisserie*)

*Paris Brest*

Ich liebe Gebäck und Kuchen mit *Praliné*! Dieses Gebäck wurde als Hommage an das berühmte französische Radrennen Paris–Brest–Paris kreiert. *Praliné* wird aus gerösteten Haselnüssen zubereitet, die mit trockenem Karamell zu einer Paste vermengt werden. Ihr könnt die Creme für mehrere Rezepte in größeren Mengen herstellen oder im französischen Feinkostladen bzw. online kaufen.

Ergibt: 6 Stück

Zubehör: 2 Backbleche, 1 Zuckerthermometer

Zutaten:

FÜR DEN BRANDTEIG:
60 g zimmerwarme gesalzene Butter
10 g feinster Backzucker (2 TL)
120 g Weizenmehl Type 405
3 Eier (Größe M)

FÜR DIE CRAQUELIN (KNUSPERKRUSTE):
50 g Butter
50 g Weizenmehl Type 405
50 g Demerarazucker

FÜR DIE CRÈME PÂTISSIÈRE:
500 ml Vollmilch
75 g feinster Backzucker
2 Eier (Größe M), plus 1 Eigelb
30 g Weizenmehl Type 405
50 g gesalzene Butter

FÜR DIE CRÈME PRALINÉ:
200 g feinster Backzucker
125 g blanchierte Haselnusskerne
125 g blanchierte Mandelkerne

200 g Butter
Puderzucker und geröstete Haselnusskerne zum Garnieren

1. Für den Brandteig 150 ml kaltes Wasser, Butter und Zucker in einem Topf stark erhitzen und mit einem Holzlöffel vermengen, bis die Butter zerlassen ist. Das Mehl hinzufügen und kräftig umrühren, bis sich die Masse vom Topfrand löst. Den Topf vom Herd nehmen und den Brandteig im Topf 10 Minuten abkühlen lassen.

2. Inzwischen für die *Craquelin* Butter, Mehl und Zucker in einer Schüssel zu einer Paste verrühren. Die Paste auf Backpapier verstreichen und mit einem weiteren Stück Backpapier abdecken. Mit der Teigrolle 1–2 mm dick ausrollen und im Tiefkühlfach aushärten lassen.

3. Den Backofen auf 200 °C (Umluft) vorheizen. Den Brandteig in die Rührschüssel der Küchenmaschine legen. Die Eier bei mittlerer Stufe nacheinander hinzufügen und unterrühren. Dann den Teig in einen Spritzbeutel mit Lochtülle füllen und auf ein mit Backpapier ausgelegtes Backblech Kreise (Ø 6–7 cm) spritzen.

4. Die *Craquelin* aus dem Tiefkühlfach nehmen und 6 Kreise (Ø 6–7 cm) ausschneiden. Die Kreise auf die Brandteigkreise legen und mit Haselnüssen bestreuen. Dann 20 Minuten backen. Den Backofen ausschalten und die Brandteigkreise weitere 10 Minuten im Backofen trocknen lassen.

5. Für die *Crème Pâtissière* die Milch und die Hälfte des Zuckers in einem Topf aufkochen. Eier und Eigelb in einer hitzebeständigen Rührschüssel verquirlen. Dann den restlichen Zucker und das Mehl einrühren. Die Hälfte der heißen Milch unter Rühren zur Eimischung gießen. Dann die Mischung wieder in den Topf geben und die Butter hinzufügen. Bei mittlerer Hitze 4 Minuten erwärmen, bis die Creme dickflüssig und glatt ist. In eine flache Schüssel füllen, mit Frischhaltefolie abdecken und vollständig auf Zimmertemperatur abkühlen lassen. Beiseitestellen.

6. Inzwischen für die *Crème Praliné* Zucker und 60 ml Wasser in einem Topf zu Sirup einkochen, bis die Flüssigkeit 120 °C erreicht (mit einem Zuckerthermometer messen). Dann Haselnuss- und Mandelkerne hinzufügen. Die Temperatur reduzieren und vorsichtig 7 Minuten verrühren, bis die Mischung

karamellisiert. Achtung: Der Karamell brennt schnell an! Die Mischung danach auf Backpapier gießen und zum Abkühlen verstreichen. Die abgekühlte Masse im Standmixer 5 Minuten zerkleinern, bis sich eine Paste bildet. Bei Zimmertemperatur beiseitestellen.

7. Für die Paris-Brest-Creme müssen *Crème Praliné* und *Crème Pâtissière* zimmerwarm sein. Mit der Küchenmaschine 200 g Butter 5 Minuten aufschlagen. Die *Crème Pâtissière* hinzufügen und weitere 2 Minuten verrühren. Dann 100 g *Crème Praliné* dazugeben und vermengen.

8. Die Paris-Brest-Creme in einen Spritzbeutel mit Sterntülle füllen. Die Brandteigkreise horizontal halbieren. Die Creme auf eine Hälfte auftragen und mit der anderen Hälfte bedecken. Mit Puderzucker bestreuen und dann mit der restlichen *Crème Praliné* und gerösteten Haselnüssen garnieren.

# BÛCHE DE NOËL AUX TROIS CHOCOLATS

*Weihnachtsbaumstamm mit drei Sorten Schokolade*

*Noël* ohne *Bûches* ist bei uns undenkbar. In meiner Familie pflegen wir die Tradition des französischen Weihnachtskuchens mit großer Begeisterung. Mamie Gilberte bereitet ihren Baumstamm mit schokoladiger *Crème au Beurre* zu, während meine Tante Christine *Crème au Beurre* mit Kaffee verwendet. Beide Varianten schmecken köstlich! Meine Lieblingsversion enthält drei Schokoladensorten: *Génoise* mit dunkler Schokolade, weiße Schokomousse und aufgeschlagene Crème double mit Vollmilchschokolade.

Für: 8–10 Personen

Zubehör:

1 großes Backblech, 2 Spritzbeutel mit Lochtülle (Ø 1 cm)

Zutaten:

FÜR DIE GÉNOISE:

4 Eier (Größe L)
120 g feinster Backzucker
90 g Weizenmehl Type 405
15 g Speisestärke (2 EL)
15 g Kakaopulver (2 EL)
Salz

FÜR DIE WEISSE SCHOKOMOUSSE:

150 g weiße Schokolade
250 g Crème double

FÜR DIE VOLLMILCHSCHOKOLADENGANACHE (MONTÉE):

300 g *Creme Pâtissière Chocolate* (online erhältlich, oder Vollmilchschokolade mit 35 % Kakaoanteil)
260 g Crème double
50 g zimmerwarme, gesalzene Butter, gewürfelt

FÜR DEN SIRUP:

50 g feinster Backzucker
1 TL Vanilleextrakt
Puderzucker zum Bestäuben

1. Den Backofen auf 180 °C (Umluft) vorheizen.

2. Für die *Génoise* die Eier trennen. Eigelbe und Eiweiße auf zwei Schüsseln verteilen. Zucker und 3 Esslöffel warmes Wasser zum Eigelb geben und einige Minuten kräftig verquirlen. Mehl, Speisestärke, Kakaopulver und etwas Salz hinzufügen und mit einem Teigspatel vermengen.

3. Etwas Salz zum Eiweiß geben und mit dem Handrührgerät in 5–7 Minuten zu Eischnee schlagen. Die Hälfte des Eischnees mit der Eigelbmischung vermengen. Den restlichen Eischnee mit einem Teigspatel unterheben.

4. Ein flaches Backblech mit Backpapier auslegen. Die *Génoise* darauf mit einem Teigspatel verstreichen. Im Ofen 10–12 Minuten hellbraun backen.

5. Die *Génoise* herausnehmen und sofort mit einem sauberen, feuchten Küchentuch abdecken und daraufstürzen. Das Backpapier abziehen und die *Génoise* mithilfe des Küchentuchs aufrollen. In den Kühlschrank legen, bis sie vollständig abgekühlt ist.

6. Für die weiße Schokomousse die weiße Schokolade in Stücke brechen und in eine mittelgroße, hitzebeständige Schüssel geben. Die Crème double in einem Topf aufkochen. Über die Schokolade gießen und mit einem Teigspatel vermengen, bis sie vollständig geschmolzen ist. In den Kühlschrank stellen, bis der *Bûche* zusammengestellt wird.

7. Für die Vollmilchschokoladenganache die Schokolade mit einem Messer grob raspeln und in eine große, hitzebeständige Schüssel geben. Die Crème double in einem Topf aufkochen. Über die Schokolade gießen und 30 Sekunden ziehen lassen. Mit einem Teigspatel vorsichtig zu einer glatten Ganache vermengen. Dann die gewürfelte Butter einrühren, bis sie geschmolzen ist. Die Ganache zum Festwerden 30 Minuten in das Tiefkühlfach stellen.

8. Für den Sirup 100 ml Wasser, Zucker und Vanilleextrakt in einem Topf aufkochen. 5 Minuten kochen lassen, bis der Sirup dickflüssig wird. Beiseitestellen.

9. Zum Zusammenstellen des *Bûche* die weiße Schokomousse mit dem Handrührgerät locker aufschlagen. Dann die Masse in einen Spritzbeutel füllen. Mit der Vollmilchschokoladenganache ebenso verfahren und in den zweiten Spritzbeutel füllen.

10. Die *Génoise* vorsichtig auf einem großen Stück Frischhaltefolie aufrollen und das Küchentuch entfernen. Mit einem Backpinsel den Sirup gleichmäßig auftragen und dann die weiße Schokomousse aufspritzen. Die *Génoise* mithilfe der Frischhaltefolie fest aufrollen und an den Enden verschließen. Zum Festwerden 15 Minuten in den Kühlschrank stellen.

11. Zum Servieren die Biskuitrolle mit der Vollmilchschokoladenganache bestreichen und mit einem Teigspatel Linien in die Gananche ziehen, sodass die Oberfläche an Baumrinde erinnert. Mit Puderzucker bestäuben.

# FRAISIER FACILE

## *Einfache Erdbeer-Sahnetorte*

Es ist Sommer, und überall gibt es Erdbeeren – genau die richtige Zeit für einen *Fraisier*! Nicht umsonst sind nun die Auslagen der *Boulangerie* voll *Fraisiers*. Meine schlichte Version verbindet zwei Schichten *Génoise* mit Mascarponecreme – ein krönender Abschluss für jede Sommerparty. Achtet beim Schneiden der Kuchenböden auf ordentliche, saubere Kanten. Macht euch keine Sorgen, falls etwas Sahne auf den Erdbeeren landet – mit einem kleinen Backpinsel könnt ihr überschüssige Sahne problemlos entfernen!

Für: 8–10 Personen

Zubehör:

2 Springformen (Ø 25 cm), 1 Spritzbeutel mit Lochtülle (nach Belieben)

Zutaten:

FÜR DIE GÉNOISE:
6 Eier (Größe M)
140 g feinster Backzucker
140 g Weizenmehl Type 405
Salz

FÜR DIE MASCARPONECREME:
240 g Mascarpone
500 g Kochsahne
1 TL Vanillepaste
100 g Puderzucker

ZUM SERVIEREN:
200 g Erdbeeren, halbiert, plus ganze Erdbeeren zum Garnieren
200 g *Crème Chantilly* (Crème Chantilly, S. 171)
essbare Blüten (oder frische Minzblätter) zum Garnieren
Puderzucker zum Bestäuben (nach Belieben)

1. Den Backofen auf 180 °C (Umluft) vorheizen und die Springformen mit Backpapier auslegen.

2. Die Eier trennen. Eigelbe und Eiweiße auf zwei Schüsseln verteilen. Den Zucker zu den Eigelben geben und mit dem Handrührgerät 5 Minuten verrühren, bis sich das Volumen verdoppelt. Das Mehl hineinsieben und mit einem Teigspatel einrühren. Das Salz zu den Eiweißen geben und die Mischung zu festem Eischnee schlagen. Den Eischnee unter die Eigelbmischung heben. Zu einem glatten Teig vermengen.

3. Den Teig auf die Springformen verteilen und 12–15 Minuten im Ofen backen. Herausnehmen und vollständig abkühlen lassen. Die Biskuitböden aus der Form nehmen und auf einem Kuchengitter abkühlen lassen. Danach die Seiten glätten.

4. Für die Mascarponecreme Mascarpone, Kochsahne und Vanillepaste in einer Schüssel mit dem Handrührgerät vermengen. Den Puderzucker einrieseln lassen und 3–4 Minuten rühren, bis sich steife Spitzen bilden.

5. Einen Streifen Backpapier oder Tortenrandfolie innen um den Rand einer gesäuberten Springform legen, um später eine glatte Kuchenkante zu erhalten. Einen Biskuitboden auf den Boden der Form legen und etwas andrücken. Halbierte Erdbeeren senkrecht mit der Schnittseite nach außen rundherum an den Rand des Biskuitbodens legen und mit etwas Mascarponecreme bestreichen, damit sie nicht verrutschen. Dann mit Mascarponecreme bedecken, eine Schicht halbierte Erdbeeren darauflegen und mit der restlichen Mascarponecreme bestreichen. Den zweiten Biskuitboden daraufsetzen und andrücken. 4 Stunden oder über Nacht in den Kühlschrank stellen.

6. Zum Servieren aus der Form nehmen und das Backpapier am Rand abziehen. *Crème Chantilly* darauf verstreichen oder mit dem Spritzbeutel auftragen. Mit ganzen Erdbeeren und essbaren Blüten garnieren. Wer will, kann nach Belieben den Kuchen noch mit Puderzucker bestäuben.

Pâtisseries

# LE GOÛTER

# Nachmittagssnack

*Le goûter* ist die französische Variante des Nachmittagssnacks, meist in Form einer kleinen Leckerei nach dem Schulende. Wie oft kam ich aus der Schule und knabberte dann zu Hause Mamans *Madeleines* (S. 123), dick bestrichen mit ihrer hausgemachten Konfitüre, oder aß getoastete *Petit Pains au Lait* (Milchbrötchen, S. 132) mit reichlich gesalzener Butter! Die Schultage waren lang, denn allein die Fahrt mit dem Bus dauerte 45–60 Minuten: Der Bus fuhr über die Dörfer und sammelte Kinder an verschiedenen Bauernhöfen auf. Kein Wunder, dass wir hungrig nach Hause kamen! *Kouign Amann* (Butterkuchen, S. 116) war unser absoluter Lieblings-*Goûter*, wenn wir in den Ferien an die rosa Granitküste der Bretagne fuhren.

# KOUIGN AMANN

## *Butterkuchen*

Der bretonische Name dieses traditionellen Gebäcks bedeutet so viel wie »Butterkuchen«. Der Name trifft es ziemlich genau, auch wenn zum Kuchen noch etwas Zucker dazukommt. Stellt euch erst mal vor, wie dieser Kuchen schmeckt! Wer will, kann ihn noch mit Apfelspalten, Karamell oder etwas Zimt verfeinern. Lasst euch von den Falten und Schichten nicht abschrecken – es muss nicht perfekt werden!

Für: 8 Personen

Zubehör: 1 Kuchenform (Ø 23 cm)

Zutaten:

275 g Weizenmehl Type 812, plus etwas zum Bestäuben
10 g Butter (2 TL), zerlassen, plus etwas zum Einfetten
4 g Salz (1 TL)
7 g Trockenhefe (2 TL)
225 g kalte, gesalzene Butter
200 g feinster Backzucker

1. Mehl, zerlassene Butter, Salz, Hefe und 175 ml Wasser in einer großen Rührschüssel vermengen und den Teig 8 Minuten kneten.

2. Die kalte Butter zwischen zwei Blättern Backpapier zu einem 15 cm großen Quadrat ausrollen.

3. Den Teig auf eine leicht bemehlte Arbeitsfläche legen und zu einem 30 cm großen Quadrat ausrollen. Das Butterquadrat darauflegen und den Teig wie eine Tasche darüberklappen. Den Teig zu einem langen Rechteck ausrollen (15 x 50 cm). Das obere Drittel des Rechtecks nach unten klappen und das untere Drittel nach oben darüberschlagen. Zum Ruhen 30 Minuten in den Kühlschrank stellen.

4. Das Ausrollen und Falten wiederholen. Allerdings dieses Mal das Teigrechteck mit der Hälfte des Zuckers bestreuen. Zum Ruhen 30 Minuten in den Kühlschrank stellen.

5. Den Backofen auf 180 °C (Umluft) vorheizen. Die Kuchenform einfetten.

6. Den Teig zu einem langen Rechteck ausrollen (40 x 50 cm) und mit dem restlichen Zucker bestreuen. Wie Zimtschnecken aufrollen. Die Rolle in acht gleich große Schnecken schneiden und in die Form setzen. 40 Minuten backen, bis der Kuchen goldgelb ist. Abkühlen lassen und servieren.

# BRIOCHE FACILE

## *Einfache Brioche*

Am Sonntagmorgen bekommen alle bei uns ihre Lieblings-*Viennoiserie*, wobei ich immer eine *Brioche* nehme. Darüber kann man sich streiten – warum beispielsweise kein Croissant? Aber ich kann einer warmen *Brioche* mit reichlich Butter einfach nicht widerstehen ... Außerdem dauert die Zubereitung einer Brioche bei Weitem nicht so lange wie das Backen eines Croissants. *Brioches* eignen sich deshalb perfekt fürs gemeinsame Frühstück mit Familie und Freunden.

Für: 8 Personen

Zubehör: 1 Backblech

Zutaten:

250 g Weizenmehl Type 812, plus etwas zum Bestäuben
250 g Weizenmehl Type 550
5 g Salz (1 TL)
8 g Trockenhefe (2½ TL)
140 g feinster Backzucker
5 Eier (Größe L), plus 1 Ei, verquirlt zum Bestreichen
15 ml Orangenblütenwasser (1 EL)
250 g gesalzene Butter, gewürfelt
1 EL Hagelzucker zum Garnieren

Tipp: Das Kneten des Teigs dauert eine Weile. Haltet euch an meine Zeitangaben, damit sich das Gluten entwickeln und ein weicher, elastischer Briocheteig entstehen kann.

1. Beide Mehlsorten, Salz, Hefe und Zucker in der Rührschüssel der Küchenmaschine mit den Knethaken vermengen.

2. Eier und Orangenblütenwasser in einer kleinen Schüssel verrühren, dann langsam bei laufender Küchenmaschine zur Mehlmischung gießen und 8–10 Minuten kneten.

3. Die Butter würfelweise dazugeben. Weitere 8–10 Minuten kneten, bis sich der Teig vom Schüsselrand löst. Dann bei Zimmertemperatur 2–3 Stunden gehen lassen.

4. Vom Teig acht Kugeln (à 100 g) abnehmen. Den restlichen Teig auf einer leicht bemehlten Arbeitsfläche zu einem Kreis (Ø 30 cm) ausrollen. Die acht Kugeln am Rand entlang auf dem Teigkreis verteilen. Den Teigkreis im Inneren strahlenförmig einschneiden. So erhält man ein Dreieck pro Kugel. Das Dreieck jeweils über die Kugel klappen, sodass es sie teilweise bedeckt. Die Außenseite des Teigkreises zuschneiden, sodass ein glatter Rand entsteht. 1 Stunde an einem warmen Ort gehen lassen.

5. Den Backofen auf 180 °C (Umluft) vorheizen und eine Schüssel mit Wasser auf den Boden des Backofens stellen.

6. Die *Brioche* mit dem verquirlten Ei bestreichen und mit Hagelzucker bestreuen.

7. Die *Brioche* 25–30 Minuten im Ofen backen, dann herausnehmen und warm genießen.

# BRIOCHE TRESSÉE AUX MYRTILLES

*Brioche-Wirbel mit Blaubeeren*

Wenn ich Freunde zum Frühstück einlade, backe ich gerne dieses Köstlichkeit! Ich habe meinen Papa immer um Brioche gebeten, wenn er am Sonntagmorgen zum *Viennoiserie* holen in die *Boulangerie* ging. Diese *Brioche Tressée* macht wirklich etwas her: Ich serviere dazu hausgemachte Konfitüren oder einfach Butter. Am nächsten Tag die *Brioche* in Scheiben schneiden und toasten!

Für: 8–10 Personen

Zubehör:

1 großes Backblech oder 1 Springform (Ø 30 cm)

Zutaten:

500 g Weizenmehl Type 812,
plus etwas zum Bestäuben
100 g feinster Backzucker
10 g Salz (2 TL)
9 g Trockenhefe (1 EL)
6 Eier (Größe M)
250 g gesalzene Butter, gewürfelt,
plus etwas zum Einfetten
abgeriebene Schale von 1 Bio-Zitrone

FÜR DIE BLAUBEERKONFITÜRE:
100 g Blaubeeren
100 g feinster Backzucker

1. Mehl, Zucker, Salz und Hefe in der Rührschüssel der Küchenmaschine mit den Knethaken 30 Sekunden vermengen. Die Eier hinzufügen und den Teig auf niedriger Stufe 5 Minuten kneten. Dann weitere 5 Minuten auf mittlerer Stufe kneten.

2. Die Butter würfelweise dazugeben. Dann 5 Minuten bei niedriger bis mittlerer Stufe kneten. Wenn sich der Teig vom Schüsselrand löst, ist er fertig.

3. Den Teig mit einem feuchten Küchentuch zudecken und bei Zimmertemperatur 2 Stunden gehen lassen.

4. Inzwischen für die Konfitüre Blaubeeren waschen, dann in einem Topf mit Zucker und einigen Esslöffeln Wasser vermengen. Aufkochen und die Blaubeeren mit einer Gabel zerdrücken. 5 Minuten köcheln lassen, dann vom Herd nehmen und abkühlen lassen. Die Konfitüre dickt dabei an.

5. Eine Arbeitsfläche leicht mit Mehl bestäuben und den Teig zu einem langen Rechteck ausrollen. Die Konfitüre auf dem Teig verstreichen. Den Teig aufrollen und 30 Minuten in den Kühlschrank stellen.

6. Die Springform einfetten. Die Teigrolle aus dem Kühlschrank nehmen und mit einem scharfen Messer längs halbieren. Die beiden Teigstränge vorsichtig miteinander verzwirbeln und dabei, falls nötig, behutsam dehnen. Die lange Kordel in die Form legen und die Enden mit den Fingern verbinden. Die *Brioche* 1 Stunde gehen lassen.

7. Den Backofen auf 180 °C (Umluft) vorheizen. Die *Brioche* 35–40 Minuten backen. Nach der Hälfte der Backzeit mit Alufolie abdecken, damit sie nicht anbrennt. Die Brioche sollte goldgelb sein.

8. Die *Brioche* herausnehmen und warm genießen. Oder einzelne Scheiben abschneiden, toasten und mit Konfitüre bestreichen.

# MADELEINES QUATRE FAÇONS

*Madeleines auf viererlei Art*

Diese klassisch französischen Muschelküchlein sind bei Menschen jeden Alters beliebt. Ich denke, dies liegt an ihrer besonderen Form, die alle Blicke auf sich zieht. Wir essen sie als *Le Goûter* oder gemeinsam mit Freunden und Familie zum Kaffee.

Ergibt: 24 Madeleines oder 48 Mini-Madeleines

Zubehör:

2 Madeleinebleche (à 12 Mulden), Zahnstocher oder 1 scharfes Messer

Zutaten:

3 Eier (Größe L)
200 g feinster Backzucker
250 g Weizenmehl Type 405, plus 2 EL zum Bestäuben
1 ½ TL Backpulver
125 g gesalzene Butter, zerlassen, plus 2 EL zum Einfetten
50 ml Vollmilch (3 EL)

ZUM AROMATISIEREN:
abgeriebene Schale von 1 Bio-Zitrone
30 g gefriergetrocknete Himbeeren
1 TL Vanilleextrakt
Nussnougatcreme
200 g weiße Schokolade

Tipp: Der Teig muss vor dem Backen unbedingt ruhen. Sonst gehen die Madeleines nicht gut auf und werden nicht gleichmäßig.

1. Eier und Zucker einige Minuten in einer Schüssel schaumig schlagen. Mehl und Backpulver hineinsieben. Die Butter hinzufügen und gut vermengen. Zum Schluss die Milch angießen und alles zu einem glatten, dickflüssigen Teig verrühren.

2. Für Zitronenmadeleines den Zitronenabrieb zum Teig geben. Für Marmormadeleines den Teig auf zwei Schüsseln verteilen. Die gefriergetrockneten Himbeeren in eine Schüssel geben und den Vanilleextrakt in die andere Schüssel. Abdecken und mindestens 1 Stunde oder über Nacht im Kühlschrank ziehen lassen.

3. Den Backofen auf 220 °C (Umluft) vorheizen. Die Madeleinebleche mit einem Backpinsel einfetten und mit Mehl bestäuben. Für Zitronenmadeleines die Mulden mithilfe eines Löffels oder Spritzbeutels zu drei Vierteln füllen. Für Marmormadeleines Himbeer- und Vanilleteig zu gleichen Teilen in die Mulden löffeln oder spritzen, bis sie zu drei Viertel gefüllt sind. Zum Marmorieren einen Zahnstocher oder ein scharfes Messer durch den Teig ziehen.

4. Mini-Madeleines 6 Minuten backen, dann die Temperatur auf 200 °C (Umluft) reduzieren und weitere 2 Minuten backen. Große Madeleines 6 Minuten backen, dann die Temperatur auf 200 °C (Umluft) reduzieren und weitere 4 Minuten backen.

5. Die Madeleines nach dem Abkühlen mit Schokolade verfeinern: Für Madeleines mit Nussnougatcreme-Füllung einen Spritzbeutel mit Lochtülle mit Nussnougat füllen und die Madeleines von der Unterseite aus füllen. Für Madeleines mit Schokoüberzug die weiße Schokolade im Wasserbad oder in der Mikrowelle schmelzen. Die Mulden säubern (dies klappt besser bei Silikonformen). Dann etwas Schokolade in jede Mulde gießen und sofort eine Madeleine hineinlegen und vorsichtig andrücken. Die Schokolade im Kühlschrank 1 Stunde vollständig fest werden lassen. Dann die Madeleines vorsichtig aus den Mulden lösen, ohne dass der Schokoüberzug abfällt.

# CRÊPES

## *Crêpes*

Dieses Rezept muss ich nicht lange vorstellen, oder? Crêpes sind ein regionales Gericht der Bretagne. Ich aß sie (und die pikante Version, *Galette* genannt) wirklich jeden Freitag – und tue das heute noch. Wer mich freitags besucht, weiß, dass es *Galettes* und Crêpes zum Essen gibt! Meiner Ansicht nach kann man nie genug davon bekommen, aber vielleicht spricht da die Bretonin in mir. Kinder lieben sie natürlich, und Crêpes sind genau das Richtige für kleine, hungrige Bäuche. Ideen für die Füllung findet ihr im Kapitel *Petits Extras* (Kleine Extras, S. 167).

Ergibt: 14 Crêpes

Zubehör:

1 Crêpepfanne (oder 1 normale Pfanne, Ø 24 cm)

Zutaten:

250 g Weizenmehl Type 405
4 EL feinster Backzucker
Salz
500 ml Vollmilch
50 g gesalzene Butter, zerlassen
4 Eier (Größe M)
4 EL Pflanzenöl

1. Mehl, Zucker und Salz in einer großen Rührschüssel vermengen. Vorsichtig die Milch angießen und verrühren. Die Butter dazugeben und alles gut vermengen. Dann die Eier einrühren.

2. Den Teig abdecken und bei Zimmertemperatur 30–60 Minuten ruhen lassen.

3. Die Crêpepfanne mit Öl einfetten und stark erhitzen. Mit einem Schöpflöffel etwas Teig in die Pfanne geben und von jeder Seite 1–2 Minuten backen. Den restlichen Teig ebenso verarbeiten. Bei Bedarf etwas mehr Öl angießen.

4. Die Crêpes sofort servieren oder warm halten. Dazu jeweils eine Lage Backpapier dazwischenlegen. Zum Aufwärmen der Crêpes ein Stück Butter in die Pfanne geben – das schmeckt noch besser! Ich serviere die Crêpes gerne mit *Coulis au Chocolat* (Schokosauce, S. 172) oder *Sauce façon Bueno* (Sauce à la Kinder Bueno, S. 174).

Tipp: Noch besser werden die Crêpes, wenn ihr den Teig am Vortag zubereitet und über Nacht im Kühlschrank aufbewahrt.

# FAUX PAIN AU LEVAIN RAPIDE

*Über-Nacht-Sauerteig-Brot*

Wenn Brotbacken nicht so euer Ding ist, solltet ihr euch dieses Rezept ansehen. Denn im Grunde gibt es doch nichts Besseres als ein ofenwarmes, frisches Brot mit einer dicken Schicht kalter, gesalzener Butter. Ich backe dieses Brot in einem großen Topf mit Deckel. So bekommt es eine knusprige Kruste.

Ergibt: 1 mittelgroßer Laib

Zubehör: 1 großer, ofenfester Topf mit Deckel

Zutaten:

450 g Weizenmehl Type 812, plus etwas zum Bestäuben
1 TL Trockenhefe
1 TL Salz

Tipp: Wenn der Teig sehr klebrig ist, beim Kneten einfach mehr Mehl hinzufügen.

1. Alle Zutaten mit 320 ml warmem Wasser in einer großen Rührschüssel mit dem Teigspatel zu einem glatten, klebrigen Teig verarbeiten. Die Schüssel mit einem feuchten Küchentuch oder mit Frischhaltefolie abdecken und den Teig über Nacht bei Zimmertemperatur gehen lassen.

2. Den Backofen am nächsten Tag auf 240 °C (Umluft) vorheizen.

3. Ein Stück Backpapier mit einer Handvoll Mehl bestäuben. Die Hände bemehlen und den Teig zu einer Kugel formen. Auf das Backpapier legen und Papier und Teig in den großen Topf geben.

4. Den Deckel auflegen und das Brot 30 Minuten backen. Dann den Deckel abnehmen und das Brot weitere 25 Minuten backen. Das Brot ist fertig, wenn es beim Klopfen auf die Unterseite hohl klingt.

# BEIGNETS DE MAMIE

*Mamies Beignets*

»*Une poignée de farine par oeuf et du lait*« (»Eine Handvoll Mehl für jedes Ei und dazu etwas Milch«), so lautete die Antwort von Mamie Suzanne, als ich sie nach dem Rezept für ihre *Beignets* fragte. Ich musste es einige Male ausprobieren, bis sie mit mir zufrieden war. An *Beignets*-Abenden bei Mamie aßen wir nichts anderes als diese in feinen Teig gehüllten, frittierten Apfelringe.

Für: 4 Personen

Zubehör: 1 großer Topf oder Wok

Zutaten:

4 Eier (Größe M)
4 TL feinster Backzucker
120 g Weizenmehl Type 405
1–2 TL Backpulver
1 EL Vollmilch
1 TL Rum (oder Calvados oder Amaretto)
1 l Pflanzenöl
4 Äpfel, geschält, Kerngehäuse entfernt, in Ringe geschnitten
100 g Puderzucker

Tipp: Laut Mamie sollte man die Eiweiße erst direkt vor dem Frittieren zu Eischnee schlagen und zum Teig geben, damit der Teig schön luftig wird.

1. Für den Teig die Eier trennen und Eigelbe und Eiweiße in zwei saubere Schüsseln geben. Zucker und Eigelbe verrühren. Dann Mehl, Backpulver, Milch und Rum hinzufügen und alles zu einem glatten Teig verarbeiten.

2. Die Eiweiße zu lockerem Eischnee schlagen und vorsichtig unter den Teig heben.

3. Das Öl in einem großen Topf oder Wok auf 150–170 °C erhitzen.

4. Die Apfelringe mit der Gabel in den Teig tauchen und vorsichtig ins Öl legen. Auf jeder Seite einige Minuten backen, bis sie schön braun sind.

5. Mit Puderzucker bestäuben und sofort servieren.

# BROWNIE AU CHOCOLAT KINDER

*Kinderschokolade-Brownies*

Mein Bruder, meine Schwester und ich bekamen von unserer Babysitterin jede Woche ein Kinderschokoladenei. Falls ihr ein Brownie-Rezept sucht, das ihr immer und immer wieder backen könnt, ist dieses perfekt für euch. Die Süße der Kinderriegel mit ihrer Vollmilch- und weißen Schokolade gleicht das herbe Aroma der Zartbitterschokolade in den Brownies aus.

Für: 10–12 Personen

Zubehör: (Brownie-)Backform (30 cm Länge)

Zutaten:

185 g gesalzene Butter, plus etwas zum Einfetten
85 g Weizenmehl Type 405, plus etwas zum Bestäuben
3 Eier (Größe L)
275 g feiner Rohrohrzucker
185 g Zartbitterschokolade (60–70 % Kakaoanteil)
40 g Kakaopulver
8 Riegel Vollmilchschokolade (z. B. Kinderschokolade)

1. Den Backofen auf 170 °C (Umluft) vorheizen. Die Backform einfetten und mit Mehl bestäuben.

2. Eier und Zucker in einer hitzebeständigen Rührschüssel mit dem Handrührgerät schaumig schlagen.

3. Schokolade und Butter in der Mikrowelle oder in einem Topf schmelzen. Ei-Zucker-Mischung, Kakaopulver und Mehl dazugeben und alles vermengen.

4. Die Schokoriegel in kleine Stücke schneiden und zur Mischung geben. Dann den Teig in die Backform gießen.

5. Im Ofen 25–30 Minuten backen, bis an einem in die Mitte eingeführten Spieß kein Teig mehr haftet. In der Form abkühlen lassen und dann auf ein Kuchengitter stürzen. Warm oder kalt servieren.

Tipp: Falls ihr keine Kinderschokolade mögt, könnt ihr sie durch weiße oder Vollmilchschokoladentröpfchen oder durch eure Lieblingsschokolade ersetzen.

# PETIT PAINS AU LAIT

## *Milchbrötchen*

Auf unserem Weg vom Schulbus nach Hause kamen meine Schwester und ich an der *Boulangerie* unseres Dorfes vorbei, deren *Petit Pains au Lait* einfach unwiderstehlich waren. Milchbrötchen sind der perfekte *Le Goûter*, doch ihr könnt sie auch zum Frühstück in Schokomilch tauchen oder halbieren und mit Butter und Konfitüre bestreichen. Ich mag die Milchbrötchen am liebsten pur, aber Kinder essen am liebsten die Variante mit Schokotröpfchen!

Ergibt: 10 Stück

Zubehör: 1 Backblech

Zutaten:

500 g Weizenmehl Type 812, plus etwas zum Bestäuben
10 g Salz (2 TL)
50 g feinster Backzucker
2 Eier (Größe M), plus 1 verquirltes Ei zum Bestreichen
10 g Honig (2 TL)
7 g Trockenhefe (2 TL, oder 15 g frische Hefe)
200 ml Vollmilch
100 g gesalzene Butter, gewürfelt
100 g Schokotröpfchen (nach Belieben)
150 g Hagelzucker (nach Belieben)

Tipp: Zum Gehen lassen im Backofen den Ofen auf 50 °C (Umluft) vorheizen, dann ausschalten. Eine Schüssel mit kochend heißem Wasser in den Ofen stellen und die Brötchen auf ein Backblech darüberlegen. Die Backofentür anfangs einen Spalt offen lassen, solange der Ofen noch warm ist.

1. Mehl, Salz, Zucker, Eier, Honig, Hefe und Milch in der Schüssel der Küchenmaschine mit dem Knethaken auf niedriger Stufe 5 Minuten grob vermischen. Auf mittlere Stufe erhöhen und weitere 5 Minuten kneten. Dann die Butter hinzufügen (jeweils einige Würfel gleichzeitig) und auf mittlerer Stufe einarbeiten.

2. Die Geschwindigkeit erhöhen und den Teig kneten, bis er elastisch wird. Der Teig sollte um den Knethaken herum eine Kugel formen.

3. Den Teig vom Haken lösen und zu einer Kugel formen. In eine saubere Schüssel legen und mit einem feuchten Küchentuch oder Frischhaltefolie abdecken. Bei Zimmertemperatur 1 Stunde gehen lassen.

4. Danach den Teig abschlagen und erneut zu einer Kugel formen. (Nach Belieben) die Schokotröpfchen einarbeiten und 30 Minuten in den Kühlschrank legen.

5. Eine Handvoll Teig abtrennen (etwa 80–100 g) und zu einer Kugel formen. Dazu den Teig mit der Handfläche kreisförmig über die bemehlte Arbeitsfläche bewegen. Die Kugel dann zu einem Minibaguette rollen und auf ein mit Backpapier ausgelegtes Backblech legen. Mit dem restlichen Teig ebenso verfahren.

6. Mit einem Teigpinsel jedes *Petit Pain* mit etwas verquirltem Ei bestreichen, damit es beim Backen schön goldgelb wird.

7. An einem warmen Ort oder im warmen Backofen (siehe Tipp) 2 Stunden gehen lassen.

8. Den Backofen auf 180 °C (Umluft) vorheizen und die *Pains* erneut mit Ei bestreichen. Eine Schere in kaltes Wasser tauchen und vorsichtig die Seiten der Brötchen einschneiden, sodass sie wie traditionelle *Pains* aussehen. (Nach Belieben) noch mit etwas Hagelzucker bestreuen.

9. Die Backofentemperatur auf 170 °C (Umluft) reduzieren und die Brötchen 12 Minuten goldgelb backen.

# GAUFRES

*Waffeln*

Als Kind habe ich *Gaufres* oft im Urlaub oder zu Hause bei Freundinnen gegessen. Diese Waffeln sind luftig-leicht und zugleich knusprig. Ich backe sie gerne für Freunde zum Brunch. Ihr könnt sie gut mit *Confiture De Figues* (Feigenkonfitüre, S. 177) essen, mit vanilliger *Crème Chantilly* (Crème Chantilly, S. 171) krönen oder als pikante Variante mit Zitronenfrischkäse und Räucherlachs genießen. Alternativ könnt ihr sie mit einem Ei als *Gaufre Royale* servieren.

Ergibt: 12 große Waffeln

Zubehör: 1 Waffeleisen

Zutaten:

300 ml Vollmilch
100 g gesalzene Butter
250 g Weizenmehl Type 405
1 TL Backpulver
70 g feinster Backzucker
¼ TL Salz
2 Eier (Größe M), plus 3 Eiweiß

Tipp: Den Teig könnt ihr am Vorabend zubereiten – am nächsten Morgen ist er dann genau richtig.

1. Milch und Butter bei mittlerer Hitze in einem Topf erwärmen, bis die Butter zerlassen ist.

2. Mehl, Backpulver, Zucker und Salz in einer großen Rührschüssel vermischen. Dann Eier und Eiweiße in die Mischung rühren.

3. Die Butter-Milch-Mischung dazugießen und alles zu einem homogenen Teig vermengen.

4. Das Waffeleisen vorheizen (einfetten ist nicht nötig), den Teig schöpflöffelweise hineingeben und jeweils 3–4 Minuten goldgelb backen. Mit dem restlichen Teig ebenso verfahren.

ET VOILÀ!

# CHARLOTTE AUX FRAISES

## *Erdbeer-Charlotte*

*Boudoir*-Kekse (Löffelbiskuits) wurden ursprünglich für die französische Königin Marie Antoinette erfunden, die zur hungernden Bevölkerung »Dann lasst sie Kuchen essen!« gesagt haben soll. Eine leichte Erdbeermousse, umgeben von einem Ring aus *Boudoir*-Keksen, sieht äußerst elegant aus. Bereitet den Kuchen am Vortag zu und bewahrt ihn im Kühlschrank auf, damit er schön fest wird.

Für: 6–8 Personen

Zubehör: 1 Springform (Ø 18 oder 20 cm)

Zutaten:

500 g Erdbeeren
150 g feinster Backzucker
1 TL Vanilleextrakt
1 EL Butter zum Einfetten
1 Packung *Boudoir*-Kekse (Löffelbiskuits)
300 g Crème double
frisch gepresster Zitronensaft
3–4 Blatt Gelatine (oder Agar-Agar)

1. Im Standmixer 400 g Erdbeeren pürieren oder in einer Schüssel mit der Gabel zerdrücken. 6–7 Erdbeeren in Scheiben schneiden und zum Garnieren beiseitelegen.

2. In einem Topf 200 ml kochendes Wasser und die Hälfte des Zuckers stark erhitzen, bis sich der Zucker auflöst. Den Vanilleextrakt hinzufügen und den Topf vom Herd nehmen.

3. Die Springform mit der Butter einfetten. Dann die Löffelbiskuits nacheinander in den Sirup tauchen und senkrecht am Rand der Form platzieren. Die Form beiseitestellen.

4. Für die *Crème Chantilly* die Crème double mit der Küchenmaschine aufschlagen. Restlichen Zucker und etwas Zitronensaft einrühren.

5. Die Gelatine in einer Schüssel mit warmem Wasser 5 Minuten einweichen. Überschüssiges Wasser ausdrücken und die Gelantine in den noch warmen Sirup einrühren, bis sie sich aufgelöst hat. Den Sirup zum Erdbeerpüree gießen und vermengen. Die *Crème Chantilly* dazugeben und verrühren.

6. Für die *Charlotte* auf dem Boden der Form etwas Erdbeer-*Chantilly*-Creme verstreichen und mit einigen Erdbeerscheiben belegen. Weiter schichten, bis die Oberkante der Form erreicht ist. Über Nacht in den Kühlschrank stellen. Kalt servieren.

Tipp: Ich binde kurz vor dem Servieren noch eine hübsche Schleife um die *Charlotte*.

# BONBONS & BISCUITS

# Süßes & Kekse

In meinem Elternhaus gibt es eine Schublade, in der Maman ihre teils hausgemachten, teils gekauften Süßigkeiten und Kekse aufbewahrt. Diese Köstlichkeiten sind für die vielen Freundinnen und Freunde bestimmt, die auf einen Kaffee zu Besuch kommen. In meinem Heimatort schaut man einfach unangemeldet vorbei, um »Hallo« zu sagen und Neuigkeiten auszutauschen.

In diesem Kapitel findet ihr lauter kleine Leckereien, bekannte französische Kekse und Süßigkeiten. Sie lassen sich alle gut in Tütchen als Mitbringsel verschenken.

# FINANCIERS AU BEURRE NOISETTE

*Financiers mit brauner Butter*

Ich weiß noch, wie ich mit Maman *Financiers* gebacken und sie warm aus dem Backofen gegessen habe. Diese Küchlein schmecken nussig-buttrig und sind gut haltbar – eine perfekte, kleine Köstlichkeit als Mitbringsel für Freundinnen und Freunde oder zum Picknick. Die Zubereitung ist ganz einfach.

Ergibt: 12 Stück

Zubehör: 1 Mini-Muffinblech oder 1 *Financier*-Blech

Zutaten:

140 g gesalzene Butter, plus etwas zum Einfetten
150 g gemahlene Mandelkerne
150 g Puderzucker
50 g Weizenmehl Type 405
3 Eiweiß (Größe M)

1. Den Backofen auf 200 °C (Umluft) vorheizen. Die Mulden mit etwas Butter einfetten.

2. Die Butter in einem Topf zerlassen und 5 Minuten erhitzen, bis sie eine nussbraune Farbe annimmt. In eine Schüssel füllen und etwas abkühlen lassen.

3. Gemahlene Mandelkerne, Puderzucker, Mehl und Eiweiße in einer Schüssel vermengen und dann die braune Butter einrühren.

4. Die Mulden zu drei Viertel mit Teig füllen. Die *Financiers* 15 Minuten backen und am besten warm servieren.

Tipp: Für eine Variante mit Pistazien gebt ihr 20 g (2 Esslöffel) gemahlene Pistazienkerne zum Teig und bestreut die Financiers vor dem Backen mit gehackten Pistazienkernen.

# CARAMEL AU BEURRE SALÉ

## *Karamellbonbons mit Meersalz*

Als Bretonin liegt mir *Caramel au Beurre Salé* sozusagen im Blut! Diese Bonbons gibt es überall in unserer Region. Mit diesem einfachen Rezept könnt ihr sie ganz leicht zu Hause zubereiten. Wir essen sie meist nach einer Mahlzeit oder zum Kaffee.

Ergibt: 12 Bonbons

Zubehör: 1 Backblech

Zutaten:

180 g Crème double
180 g feinster Backzucker
50 g flüssiger Honig (2 EL)
50 g gesalzene Butter
1 TL Meersalzflocken

1. Das Backblech mit Backpapier aulegen.

2. Die Crème double in einem Topf bei hoher Hitze aufkochen. Dann Zucker und Honig hinzufügen. Den Herd ausschalten und die Mischung 10 Minuten köcheln lassen.

3. Vom Herd nehmen und unter Rühren die Butter dazugeben und zerlassen. Die Karamellmasse auf das Backpapier gießen, sodass sich eine rechteckige 2 cm dicke Schicht bildet.

4. Vollständig abkühlen lassen (mindestens 4 Stunden) und dann in kleine Rechtecke schneiden (3 x 2 cm). Mit Meersalz bestreuen und wie Bonbons einzeln in Backpapier wickeln.

5. In einem luftdichten Behälter aufbewahren und innerhalb weniger Wochen verzehren.

# MACARONS

*Macarons*

Mein Papa kaufte uns zum Geburtstag jeweils ein Kilogramm frische Macarons, die wir mit dem Rest der Familie teilten. Es war einfach wunderbar, nach jedem Abendessen einige Macarons zu naschen! Meine Eltern haben einen Eierhof und liefern *Pâtissiers* oder *Chocolatiers*, die Macarons backen, das nötige Eiweiß. Wir Kinder stritten immer darum, wer Papa auf seinen Lieferfahrten begleiten durfte, denn die Bäcker gaben uns meist die verformten Macarons des Tages mit. Dieses Rezept ist ein einfaches Grundrezept.

Ergibt: 24 Stück

Zubehör:

1 Zuckerthermometer, 2 Backbleche, 2 große Spritzbeutel, Lochtülle (Ø 1 cm)

Zutaten:

150 g gemahlene Mandelkerne
150 g Puderzucker
110 g zimmerwarmes Eiweiß
150 g feinster Backzucker
1 EL Vanilleextrakt

FÜR DIE SCHOKOLADENGANACHE:
65 g Crème double
200 g Zartbitterschokolade (60–70 % Kakaoanteil), in Stücke zerteilt
½ TL Salz

1. Gemahlene Mandelkerne, Puderzucker und 55 g Eiweiß zu einer Paste vermengen und dann beiseitestellen.

2. Das restliche Eiweiß mit der Küchenmaschine zu lockerem Eischnee schlagen.

3. Backzucker und 50 ml (3 Esslöffel) Wasser bei mittlerer Hitze in einem Topf erwärmen, bis sich der Zucker aufgelöst hat. Weiter erhitzen, bis das Zuckerthermometer 118 °C anzeigt. Den Sirup langsam unter Rühren zum Eischnee geben. Die Baisermasse 8–10 Minuten auf Zimmertemperatur abkühlen lassen.

4. Sobald die Baisermasse abgekühlt ist, 4 Esslöffel Masse zur Mandelpaste geben. Dann den Vanilleextrakt hinzufügen und alles zu einer glatten Masse vermengen. Die restliche Baisermasse dazugeben und 5 Minuten vermengen. Die Mischung sollte weich, aber nicht flüssig sein.

5. Zwei Backbleche mit Backpapier belegen. Einen Spritzbeutel mit Lochtülle mit der Macaronmasse füllen und Kreise auf das Backpapier spritzen (Wenn ihr euch bei der Größe unsicher seid, könnt ihr eine Vorlage verwenden. Ich zähle meist im Kopf einige Sekunden, damit ich für jeden Klecks dieselbe Teigmenge erhalte.) Die Teigscheiben 20 Minuten trocknen lassen.

6. Den Backofen auf 165 °C (Umluft) vorheizen.

7. Die Scheiben 13 Minuten backen. Dabei das Backblech nach der Hälfte der Backzeit drehen, sodass sie gleichmäßig durchbacken. Herausnehmen und abkühlen lassen, bis sich die Scheiben gut vom Backpapier ablösen lassen.

8. Für die Ganache die Crème double in einem Topf aufkochen. Die Schokostücke in einer hitzebeständigen Schüssel sofort mit der heißen Crème übergießen. Mit einem Teigspatel zu einer glatten Ganache vermengen. 15 Minuten in den Kühlschrank stellen, bis die Ganache fester wird.

9. Für die Macarons einen zweiten Spritzbeutel mit Lochtülle mit der Ganache füllen. Zwei gleich große Scheiben auswählen, auf eine Scheibe etwas Ganache spritzen und die andere Scheibe daraufsetzen. Vor dem Verzehr mindestens 1 Tag (oder über Nacht) kalt stellen. Die Macarons schmecken erst richtig gut, wenn sie die Feuchtigkeit im Kühlschrank aufgenommen haben.

# TRUFFES AU CHOCOLAT

*Schokoladentrüffel*

Diese Trüffel bereitete ich immer kurz vor Weihnachten mit meiner Schwester bei Mamie Gilberte zu. Es machte uns großen Spaß, denn unsere Hände und Münder waren voller Schokolade! Die kleinen Kugeln aus Schokoladenganache werden in Kakaopulver oder Kokosraspel gewälzt – sie sind der perfekte Mitternachtssnack.

Ergibt: 12 Stück

Zutaten:

200 g Zartbitterschokolade (60–70 % Kakaoanteil)
30 g gesalzene Butter
50 g Crème double (3 EL)
Meersalz
30 g Puderzucker
2 EL Baileys (nach Belieben)

FÜR DEN ÜBERZUG:
50 g ungesüßtes Kakaopulver
50 g Kokosraspel
50 g geröstete Haselnusskerne, fein gehackt

1. Schokolade, Butter, Crème double, etwas Meersalz und Puderzucker bei schwacher Hitze unter Rühren mit einem hitzebeständigem Teigspatel in einem Topf schmelzen (oder auf mittlerer Stufe in der Mikrowelle erhitzen). Anschließend nach Belieben den Baileys hinzufügen.

2. Die Mischung in eine Schüssel füllen, abdecken und im Kühlschrank mindestens 2 Stunden so fest wie Ganache werden lassen.

3. Jeweils 1 Teelöffel der Masse mit den Händen zu einer Kugel formen. Kakaopulver, Kokosraspel und gehackte Haselnusskerne in drei Schüsseln füllen. Die Schokokugeln in jeder Schüssel wälzen.

4. Die Trüffel sind in einem luftdichten Behälter im Kühlschrank mehrere Wochen haltbar.

# PALETS BRETONS

*Bretonisches Shortbread*

Echte *Palets Bretons*, sozusagen das Shortbread der Bretagne, sind schön mürbe und schmecken nach gesalzener Butter.

Ergibt: 12 Stück

Zubehör: 1 Backblech

Zutaten:

2 Eigelb (Größe M)
100 g feinster Backzucker
100 g zimmerwarme, gesalzene Butter
1 TL Vanillepaste (oder -extrakt)
140 g Weizenmehl Type 405
½ TL Backpulver

1. Eigelbe und Zucker in einer Schüssel einige Minuten schaumig schlagen. Butter und Vanilleextrakt einrühren. Dann Mehl und Backpulver hinzufügen und vermengen.

2. Den Teig zu einer 5 cm dicken und 12 cm langen Rolle formen. In Frischhaltefolie wickeln und 3 Stunden kalt stellen.

3. Den Backofen auf 150 °C (Umluft) vorheizen und ein Backblech mit Backpapier auslegen.

4. Von der Teigrolle 1 cm dicke Scheiben abschneiden und gleichmäßig auf dem Backblech verteilen. 15–18 Minuten backen, bis die Oberseite goldgelb ist. Vor dem Servieren vollständig abkühlen lassen.

5. Die *Palets* sind in einem luftdichten Behälter 2 Wochen haltbar.

# NOUGAT

## *Türkischer Honig (Weißer Nougat)*

Türkischer Honig erinnert mich an Volksfestbesuche mit meinen Eltern. Das Rezept klingt vielleicht etwas schwierig, ist aber eigentlich ganz unkompliziert: Das Ergebnis könnt ihr als Mitbringsel stolz euren Freundinnen und Freunden präsentieren oder zu Hause am Nachmittag selbst vernaschen. Ihr könnt für die Zubereitung ein Zuckerthermometer verwenden oder ihr verlasst euch auf euer Gefühl.

Ergibt: 15 Stück

Zubehör: 2 Backbleche, 1 Zuckerthermometer

Zutaten:

50 g Pistazienkerne
50 g Haselnusskerne
100 g Mandelkerne
20 g Pflanzenöl (4 TL)
175 g flüssiger Honig
300 g feinster Backzucker
1 Eiweiß (Größe M)
Salz
2 EL Speisestärke zum Bestäuben

1. Den Backofen auf 180 °C (Umluft) vorheizen.

2. Haselnuss- und Mandelkerne auf dem Backblech verteilen und im Ofen 10–15 Minuten goldgelb rösten. Anschließend beiseitestellen.

3. Ein Backblech mit eingeöltem Backpapier auslegen. Ein weiteres Backpapier mit Öl bestreichen.

4. Honig, Zucker und 2 Esslöffel Wasser in einem Topf aufkochen und 3–5 Minuten kochen lassen, bis die Flüssigkeit eindickt (sie sollte wie dickflüssiger Sirup vom Löffel tropfen). Alternativ sollte das Zuckerthermometer 143 °C anzeigen.

5. Inzwischen das Eiweiß mit etwas Salz mit der Küchenmaschine zu lockerem Eischnee schlagen. Dann weiter auf mittlerer Stufe schlagen und vorsichtig den Sirup dazugießen. Das Volumen der Mischung sollte sich verdoppeln.

6. Haselnuss- und Mandelkerne hinzufügen und alles schnell mit dem Teigspatel vermengen. Dann die Mischung gleichmäßig auf dem Backblech verstreichen. Das eingeölte Backpapier darauflegen und die Masse flach drücken, bis sie etwa 1,5 cm dick ist. Bei Zimmertemperatur abkühlen lassen und anschließend über Nacht kalt stellen.

7. Mit Speisestärke bestäuben, damit die Masse nicht zu klebrig ist. Mit einem eingeölten Messer in kleine Rechtecke schneiden. Der türkische Honig ist in einem luftdichten Behälter bis zu 2 Wochen haltbar.

# PETIT BEURRE

*Kleine Butterkekse*

*Petit Beurre* ist ein typisch französischer Keks. Er hat vier Ecken entsprechend der vier Jahreszeiten, 52 Zähne, die für die 52 Wochen des Jahres stehen, sowie 24 kleine Löcher für die 24 Stunden des Tages. Als Kind habe ich zuerst die Ecken, dann die Zähne und schließlich den Rest des Butterkekses gegessen. Meine Tochter Fleur liebt sie heute genauso wie ich damals.

Ergibt: 30 Stück

Zubehör:

3 Backbleche, 1 *Petit-Beurre*-Ausstecher (5 x 10 cm)

Zutaten:

100 g gesalzene Butter, zerlassen
110 g feinster Backzucker
250 g Weizenmehl Type 405, plus etwas zum Bestäuben
½ TL Backpulver

1. Butter, Zucker und 65 ml (4 Esslöffel) Wasser in einer Schüssel mit dem Teigspatel zu einer Paste vermengen. Mehl und Backpulver hinzufügen und alles zu einer Teigkugel formen. Den Teig auf eine bemehlte Arbeitsfläche legen und einige Minuten kneten. Dann in Frischhaltefolie wickeln und einige Stunden im Kühlschrank fest werden lassen.

2. Den Backofen auf 180 °C (Umluft) vorheizen.

3. Die Arbeitsfläche mit Mehl bestäuben und den Teig zu einem großen Rechteck 2–3 mm dick ausrollen. Die Kekse mit dem Ausstecher ausstechen und auf mit Backpapier oder Silikonmatten ausgelegte Backbleche setzen. Auf jedes Backblech passen etwa 10 Kekse.

4. Die Kekse 15 Minuten backen, bis sie am Rand goldgelb und in der Mitte etwas heller sind. Herausnehmen und vollständig abkühlen lassen. Die Kekse sind in einem luftdichten Behälter bis zu 1 Woche haltbar.

Tipp: Mit Zuckerglasur könnt ihr verschiedene Sprüche auf die Kekse schreiben – ein süßes Geschenk für jede Feier!

# MINI CANELÉS

## *Mini-Canelés*

Dieses Rezept stammt von der Oma meines Onkels direkt aus Bordeaux, der Heimat der *Canelés*. Die Winzer verwendeten dort früher zum Klären des Weins in den Fässern Eiweiß, sodass Unmengen an Eigelb übrig blieb. Der einfache Teig der *Canelés* wird mit Vanille und Rum aromatisiert. Beim Backen karamellisiert die Außenseite, während das Innere weich bleibt.

Ergibt: 30–40 Mini-*Canelés* oder 12 große *Canelés*

Zubehör:

1 Mini-*Canelés*-Form aus Silikon oder 12 große *Canelés*-Formen, 1 Backblech

Zutaten:

500 ml Vollmilch
1 TL Vanillepaste (oder -extrakt)
2 Eier (Größe M), plus 2 Eigelb
250 g Puderzucker
3 EL Rum
110 g Weizenmehl Type 405
50 g gesalzene Butter, zerlassen, plus etwas zum Einfetten

1. Die Milch in einem Topf aufkochen. Vom Herd nehmen und abkühlen lassen. Danach die Vanillepaste hinzufügen.

2. Eier, Eigelbe und Puderzucker in einer großen Schüssel vermengen. Dann esslöffelweise den Rum dazugeben. Mehl, Butter und zum Schluss Milch einrühren. Abdecken und über Nacht im Kühlschrank durchziehen lassen.

3. Den Backofen auf 220 °C (Umluft) vorheizen. Die Form oder die Formen einfetten. Ein Backblech in den Backofen schieben.

4. Die Form oder die Formen zu drei Viertel mit dem Teig füllen, auf das Backblech stellen und die *Canelés* 30 Minuten backen. Die Backofentemperatur auf 200 °C (Umluft) senken. 15 Minuten backen. Dann auf 180 °C (Umluft) reduzieren und noch einmal 45 Minuten backen. Die *Canelés* in großen Formen 20 Minuten bei 220 °C und 1 Stunde bei 180 °C (Umluft) backen. Herausnehmen, abkühlen lassen und auf ein Kuchengitter stürzen.

# MACARONS À LA NOIX DE COCO

*Kokosmakronen*

Noch ein Kokosrezept! Wer sich ein wenig mit französischer Geschichte und Geografie auskennt, weiß, dass die französische Küche auch karibische Einflüsse aufweist, was an den Überseegebieten Frankreichs (*les DOMTOM*) liegt, besonders an Inseln wie Réunion, Guadeloupe oder Martinique. Die Zubereitung dieser hübschen Makronen ist ganz einfach. Eine köstliche Kleinigkeit zum Kaffee oder Tee!

Ergibt: 20 Stück

Zubehör: 1 Backblech

Zutaten:

100 g feinster Backzucker
200 g Kokosraspel
2 Eiweiß (Größe L, 60 g)

ZUM GARNIEREN:
100 g Zartbitterschokolade (70 % Kakaoanteil)

1. Den Backofen auf 200 °C (Umluft) vorheizen.

2. Zucker und Kokosraspel in einer sauberen Schüssel vermengen. Dann das Eiweiß einrühren, bis eine stückige Paste entsteht.

3. Ein Backblech mit Backpapier oder einer Silikonmatte auslegen. Jeweils 1 Teelöffel Kokosmasse in Form von kleinen spitzen Häufchen auf das Backpapier setzen.

4. Die Makronen 10 Minuten backen, bis sie außen bräunen. Im Inneren sollte die Kokosmasse noch weich sein.

5. Die Makronen vollständig abkühlen lassen. Nach Belieben mit Schokolade garnieren (siehe Tipp).

Tipp: Wer will, schmilzt Zartbitterschokolade und taucht die Unterseite der Makronen hinein, damit sie noch köstlicher schmecken!

# COOKIES TROIS FAÇONS

*Cookies auf dreierlei Art*

Bei Cookies hat jeder seine ganz eigenen Vorlieben: Manche mögen sie knusprig, andere weich, warm oder kalt, mit oder ohne Schokolade, klebrig oder fluffig. Diese Cookies liegen irgendwo zwischen knusprig und weich. Ich backe sie nicht ganz durch, damit sie innen noch etwas klebrig sind. Die für jede Variante angegebenen Aromazutaten reichen jeweils für ein Drittel des Cookieteigs. Wer nur eine Sorte backen will, verdreifacht die entsprechende Menge der Aromazutaten.

Ergibt: 18 große Cookies

Zubehör:

1 großes Backblech, 1 Eisportionierer (nach Belieben)

Zutaten:

220 g gesalzene Butter, zerlassen
150 g heller Rohrohrzucker
200 g feinster Backzucker
2 Eier (Größe L)
330 g Weizenmehl Type 405
1 TL Backpulver
1 TL Backnatron
½ TL Salz

FÜR DIE SCHOKO-NUSS-VARIANTE:

100 g Nüsse (Haselnusskerne, Walnusskerne, Mandelkerne)
200 g Vollmilchschokoladentröpfchen

FÜR DIE BLAUBEER-SCHOKO-VARIANTE:

50 g getrocknete Blaubeeren
200 g weiße Schokoladentröpfchen

FÜR DIE MEERSALZ-ZARTBITTERSCHOKO-VARIANTE:

200 g Zartbitterschokolade, gehackt
Meersalz zum Servieren

1. Den Backofen auf 180 °C (Umluft) vorheizen.

2. Die Butter mit beiden Zuckersorten in einem Topf bei mittlerer Hitze zerlassen. Dabei mit einem Holzlöffel umrühren. In eine Rührschüssel füllen und die Eier einrühren.

3. Mehl, Backpulver, Backnatron und Salz vermengen. Zur Eiermischung geben und alles zu einem glatten Teig verrühren. Den Teig auf drei kleine Schüsseln verteilen und die gewünschten Aromazutaten hinzufügen oder auf eine Aromazutat beschränken.

4. Den Teig mit dem Eisportionierer oder den Händen zu gleich großen Kugeln formen (für große Cookies à 60 g, für kleine Cookies à 30 g). Die Kugeln mindestens 1 Stunde in den Kühlschrank legen.

5. Auf ein mit Backpapier ausgelegten Backblech fünf kleine Kugeln (oder drei große) legen. Die Kugeln leicht flach drücken. Dabei auf einen gleichmäßigen Abstand achten, da die Cookies beim Backen zerlaufen. Im Ofen 12–14 Minuten backen und herausnehmen. Die Zartbitterschoko-Cookies vor dem Servieren noch mit etwas Meersalz bestreuen.

Tipp: Dieses Rezept ergibt sehr viele Cookies. Ich friere daher immer die Hälfte des rohen Teigs als einzelne Teigkugeln oder immer zwei Teigkugeln zusammen ein.

# MINI FONDANTS AU CHOCOLAT

*Mini-Schokofondants*

An der Uni in Rennes teilte ich mir mit meinem Cousin Alexandre eine Wohnung. Sein Papa, *Tonton* Jean Charles, kochte für ihn nicht nur leckere Gerichte in seinem Restaurant *Le Bretagne* in Fougères, sondern bereitete auch *Fondants au Chocolat* für uns zu! Meine Version dieser kleinen Köstlichkeit könnt ihr sofort servieren. Oder ihr backt sie nur kurz, lasst sie dann abkühlen und friert sie ein. Ein perfekter Mitternachtssnack oder Last-Minute-Dessert!

Für: 6 Personen

Zubehör:

1 Silikon-Muffin-Form oder Soufflé-Förmchen

Zutaten:

150 g zimmerwarme, gesalzene Butter, plus 1 EL zum Einfetten
150 g Puderzucker
3 Eier (Größe L)
50 g Weizenmehl Type 405
200 g Schokolade (70–80 % Kakaoanteil)

1. Butter und Puderzucker in einer Schüssel verrühren. Dann abwechselnd jeweils ein Ei und esslöffelweise Mehl hinzufügen und vermengen.

2. Die Schokolade im Wasserbad oder in einer Schüssel in der Mikrowelle (siehe S. 13) schmelzen und dann in den Teig einarbeiten.

3. Die Form oder Förmchen mit Butter einfetten und die Mulden zu drei Vierteln mit Teig füllen. Dann 1 Stunde in das Tiefkühlfach stellen.

4. Den Backofen auf 150 °C (Umluft) vorheizen und die gefrorenen Schokofondants 20–25 Minuten backen. Danach 10 Minuten abkühlen lassen und anschließend aus der Form stürzen oder direkt aus den Förmchen löffeln. Mit *Crème Anglaise* oder *Crème Chantilly* (S. 171) servieren.

# GUIMAUVES ENROBÉES DE CHOCOLAT

*Marshmallows mit Schokoüberzug*

Nachdem ich nach London gezogen war, bat ich meine Eltern, mir bei ihrem nächsten Besuch *Ourson au Chocolat* (Marshmallowbärchen mit Schokoüberzug) mitzubringen. Dies ist wahrscheinlich noch heute meine Lieblingssüßigkeit. Mit diesem Rezept könnt ihr ganz leicht eure eigenen Marshmallows herstellen (was wirklich Spaß macht) und sie dann in eine Schüssel mit flüssiger Schokolade tauchen.

Ergibt: 30 Marshmallow-Quadrate

Zubehör: 1 rechteckiges Backblech, Spieße

Zutaten:

6 Blatt Gelatine (20 g)
1 EL Pflanzenöl
50 g Speisestärke, plus etwas zum Bestäuben
50 g Puderzucker, plus etwas zum Bestäuben
100 g Eiweiß (von 3 Eiern, Größe L)
Salz
200 g feinster Backzucker
1 TL Vanilleextrakt
200 g Zartbitter- oder Vollmilchschokolade

1. Die Gelatine in einer Schüssel mit kaltem Wasser einweichen. Ein Backblech einölen und mit Backpapier auslegen.

2. Speisestärke und Puderzucker in einer Schüssel vermengen. Das Backpapier mit einigen Esslöffeln der Mischung bestreuen.

3. Eiweiße und etwas Salz in der Schüssel der Küchenmaschine auf mittlerer Stufe zu Eischnee schlagen, bis er das dreifache Volumen hat und schön glänzt.

4. Inzwischen Zucker und 3 Esslöffel Wasser in einem Topf bei mittlerer Hitze erwärmen, bis sich der Zucker auflöst. Kurz aufkochen, bis die Mischung zu Sirup eindickt. Die Gelatine abtropfen lassen und überschüssiges Wasser ausdrücken. Mit dem Teigspatel in den Zuckersirup rühren.

5. Den Vanilleextrakt unter den Eischnee rühren und dann bei eingeschalteter Küchenmaschine langsam den Zuckersirup dazugießen. Die Masse schnell auf dem Backblech verstreichen und mit dem Teigspatel flach pressen. Mit etwas Speisestärke-Puderzucker-Mischung bestäuben und bei Zimmertemperatur mindestens 1 Stunde fest werden lassen.

6. Die Marshmallowmasse dann auf eine mit Puderzucker und Speisestärke bestäubte Arbeitsfläche stürzen und das Backpapier abziehen (das Backpapier wieder auf das Backblech legen). Die Masse in kleine Quadrate schneiden und mit der restlichen Puderzucker-Speisestärke-Mischung bestäuben.

7. Die Schokolade im Wasserbad oder in einer Schüssel in der Mikrowelle schmelzen (siehe S. 13). Jeweils einen Marshmallow auf einen Spieß stecken und entweder ganz oder nur die Unterseite in die flüssige Schokolade tauchen. Auf das Backblech legen und trocknen lassen (oder 1 Stunde kühl stellen).

8. Die Marshmallows sind in einem luftdichten Behälter bis zu 2 Wochen haltbar.

# PETITS EXTRAS

# Kleine Extras

Wenn ihr zum Kuchen oder Dessert »kleine Extras« aus diesem Kapitel serviert, werden alle am Tisch begeistert sein! In allen Kapiteln findet ihr Vorschläge zum Verfeinern von Gerichten. Experimentiert ruhig etwas und kombiniert unterschiedliche Dinge. Ihr könnt zwischen höchst dekadenten Zugaben (Sauce à la Kinder Bueno, S. 174) oder eher schlichten Optionen (Crème Chantilly, S. 171) wählen. Ich stelle euch hier auch einige einfache Konfitürenrezepte vor (S. 176–177), da meine Familie zu den fanatischen Konfitürenköchen zählt!

# CRÈME ANGLAISE

*Vanillesauce*

Obwohl die wörtliche Übersetzung »Englische Creme« lautet, darf man diese Sauce nicht mit der englischen Vanillesauce verwechseln. Sie ist flüssiger und passt gut zu *Gâteau Simple au Chocolat* (Einfacher Schokokuchen, S. 68) oder *Tarte Bourdaloue Tonka* (Mandeltarte mit Birne und Tonkabohnen, S. 102).

Für: 6–8 Personen

Zutaten:

500 ml Vollmilch
5 Eigelb (Größe M)
100 g feinster Backzucker
1 Vanilleschote (oder 1 EL Vanillepaste)

1. Die Milch in einem Topf aufkochen. Inzwischen Eigelbe und Zucker schaumig schlagen.

2. Die Milch über die Eigelbmischung gießen und kräftig verrühren. Die Mischung dann unter ständigem Rühren mit einem Teigspatel wieder in den Topf gießen. Bei schwacher Hitze sanft köcheln lassen, bis der Teigspatel von einer dicken Saucenschicht überzogen ist.

3. Warm servieren.



# CRÈME CHANTILLY

*Crème Chantilly*

Dieses *Petit Extra* bereite ich recht häufig zu. Wenn zu *Le Goûter* oder einem spontanen Abendessen überraschend Freundinnen und Freunde zu Besuch kommen, rühre ich eine noch schnellere Version aus Crème fraîche, 1 Teelöffel Puderzucker und 1 Esslöffel Vanillepaste zusammen.

Für: 6–8 Personen

Zutaten:

300 g kalte Crème double
25 g Puderzucker
1 TL Vanilleextrakt (oder Vanillepaste)

1. Die Crème double 5–10 Minuten in das Tiefkühlfach stellen, falls sie noch nicht kalt genug ist. Dann in der Schüssel der Küchenmaschine mit Puderzucker und Vanilleextrakt verrühren. Auf mittlerer Stufe einige Minuten weiterrühren. Achtung: Nicht zu stark rühren! Nach dem Herausziehen eines Teigspatels sollten weiche Spitzen stehen bleiben.

2. Die *Crème* ist in einem luftdichten Behälter im Kühlschrank bis zu 3 Tage haltbar.

# COULIS À LA FRAMBOISE

*Himbeersauce*

Auf *Gaufres* (Waffeln, S. 135) oder zu *Gâteau aux Pommes et Calvados de Mamie* (Mamies Apfelkuchen mit Calvados, S. 49) verleiht diese Sauce euren Backwaren ein prickelnd süß-saures Aroma!

Ergibt: 6–8 Portionen

Zutaten:

500 g Himbeeren (oder TK-Himbeeren, aufgetaut)
100 g feinster Backzucker

1. Himbeeren, Zucker und 2 Esslöffel Wasser in einem Topf bei schwacher Hitze köcheln lassen und dabei mit einem Teigspatel umrühren, bis die Himbeeren zerfallen. Für eine glatte Sauce die Mischung durch ein Metallsieb passieren, um die Kerne zu entfernen.

2. Die Sauce warm oder kalt servieren. Sie ist in einem luftdicht verschlossenem Schraubglas im Kühlschrank bis zu 2 Wochen haltbar.

# COULIS AU CHOCOLAT

*Schokosauce*

Perfekt zu Eis, Crêpes, Kuchen, Waffeln, Windbeuteln, Obst ... eigentlich zu allem, das ihr mit etwas Schokolade verfeinern wollt!

Ergibt: 6 Portionen

Zutaten:

100 g Zartbitterschokolade (60–80 % Kakaoanteil)
20 g gesalzene Butter
100 ml Vollmilch
30 g feinster Backzucker (2 EL, nach Belieben)
1 EL Crème fraîche

1. Schokolade und Butter bei mittlerer Hitze in einem Topf schmelzen. Milch, Zucker (nach Belieben) und Crème fraîche hinzufügen und mit einem Teigspatel vermengen.

2. Heiß servieren.

Tipp: Wenn die Sauce nicht sofort verwendet wird, 30 Sekunden in der Mikrowelle erhitzen.

# GLACE VANILLE

*Vanilleeis*

Bei Eiscreme bin ich etwas heikel. Für mich muss es schon ein richtig gutes Eis sein. Dieses Vanilleeis zählt eindeutig dazu.

Ergibt: 6–8 Portionen

Zutaten:

360 ml gesüßte Kondensmilch
Salz
1 EL Vanillepaste
600 g kalte Crème double

1. Kondensmilch, Salz und Vanillepaste in einer großen Schüssel vermengen und beiseitestellen.
2. Die Crème double in einer anderen Schüssel mit dem Handrührgerät 3–5 Minuten schlagen, bis sich das Volumen verdreifacht.
3. Die Crème zur Kondensmilchmischung geben und mit einem Teigspatel vermengen.
4. In einem tiefkühlgeeigneten Behälter mit Deckel mindestens 2 Stunden einfrieren.

# SAUCE FAÇON BUENO

*Sauce à la Kinder Bueno*

Von Kinderschokolade bin ich immer noch besessen! Dies ist eine gute Kopie der Creme aus Kinder Bueno. Einfach perfekt zu *Crêpes* (Crêpes, S. 124) oder *Mini Fondants au Chocolat* (Mini-Schokofondants, S. 162). Lasst eure Gäste doch zum Spaß mal raten, was für eine Sauce es ist!

Ergibt: 1 Schraubglas

Zutaten:

250 g Haselnusskerne
200 g weiße Schokolade

1. Den Backofen auf 180 °C (Umluft) vorheizen.
2. Die Haselnusskerne auf einem Backblech 10–12 Minuten goldgelb rösten.
3. Die Nüsse im Standmixer mit der Pulse-Funktion 3–5 Minuten pürieren, bis das Öl austritt. Es sollte eine glatte Nussbutter entstehen.
4. Die weiße Schokolade in einer Schüssel in der Mikrowelle schmelzen. Die Haselnussbutter hinzufügen und alles gut vermengen. Die Sauce ist in einem luftdichten Behälter im Kühlschrank bis zu 1 Monat haltbar.

# SAUCE CARAMEL AU BEURRE SALÉ

*Karamellsauce mit gesalzener Butter*

Mit dieser typisch bretonischen Sauce könnt ihr die Zubereitung von Karamell üben. Mir schmeckt sie besonders gut über *Pommes au Four* (Bratäpfel, S. 26) oder zum Dessert mit *Glace Vanille* (Vanilleeis, S. 173).

Ergibt: 6–8 Portionen

Zutaten:

250 g feinster Backzucker
130 g Crème double
60 g gesalzene Butter
½ TL Meersalz

1. Zucker und 60 ml Wasser in einem Topf aufkochen. 4–6 Minuten kochen, bis die Mischung einen schönen Karamellton annimmt.

2. Vom Herd nehmen und die Crème double vorsichtig mit einem Teigspatel einrühren (Achtung: Spritzgefahr!). Wieder auf den Herd stellen und aufkochen.

3. Vom Herd nehmen, Butter und Meersalz einrühren und zu einer glatten Karamellsauce vermengen.

4. In einen Behälter mit Deckel füllen. Die Sauce ist im Kühlschrank bis zu 1 Monat haltbar.



# SAUCE AUX SPECULOOS

*Karamellkekssauce*

Die aus Belgien stammenden Lotus-Karamellkekse (*Speculoos*) sind schön krümelig und schmecken nach Zimt. Man bekommt sie oft zum Kaffee serviert. Ich habe sie zum ersten Mal in Brügge (*Bruges*) gegessen und bin seitdem süchtig danach!

Ergibt: 1 Schraubglas

Zutaten:

200 g Lotus-Karamellkekse
40 g brauner Rohrzucker
100 ml Vollmilch
50 g gesalzene Butter

1. Karamellkekse und Zucker im Standmixer zu Pulver zermahlen.

2. Milch und Butter in einem Topf erhitzen, bis die Butter zerlassen ist. Die Mischung zu den Karamellbröseln geben. Einige Sekunden vermengen, bis eine glatte Paste entsteht.

3. In einen luftdichten Behälter füllen und vollständig abkühlen lassen, bis die Sauce andickt. Die Sauce ist im Kühlschrank bis zu 1 Monat haltbar.

# CONFITURE DE FRAISES DE MAMAN

*Mamans Erdbeerkonfitüre*

Maman und meine Mamies kochen jedes Jahr mehrere Kilogramm Konfitüre ein. Die Erdbeeren kaufen sie entweder von unserem Obsthändler im Dorf oder sie verwerten ihre eigene Ernte. Jeden Sommer brachte mein Papa 10 Kilogramm Rhabarber mit, die meine Schwester und ich schälen und klein schneiden durften.

Ergibt: 2 Schraubgläser

Zutaten:

800 g Erdbeeren, grob gehackt
400 g feinster Backzucker
frisch gepresster Saft von 1 Zitrone
1 EL gesalzene Butter

1. Erdbeeren, Zucker und Zitronensaft in einem Topf aufkochen und 20–30 Minuten köcheln lassen. Es macht nichts, wenn sich an der Oberfläche Schaum bildet. Die Butter hinzufügen und umrühren, bis sie zerlassen ist. Danach abkühlen lassen.

2. Zwei saubere, sterilisierte Schraubgläser (siehe Tipp) mit der Konfitüre füllen und fest verschließen. Sie ist ungeöffnet bei Zimmertemperatur einige Monate haltbar.

Tipp: Zum Sterilisieren könnt ihr die Schraubgläser mit heißem Wasser mit Spülmittel ausspülen und dann bei schwacher Hitze 20 Minuten in den Backofen stellen.



# CONFITURE DE RHUBARBE ET PRUNEAUX DE MAMIE

*Mamies Rhabarber-Backpflaumen-Konfitüre*

Als ich Mamie Suzanne nach diesem Rezept fragte, leuchteten ihre Augen. Diese Lieblingskonfitüre meines Papas kocht sie bereits seit Jahrzehnten ein. Als Kinder stritten wir uns immer um die Backpflaumen. Ihre Süße bildet das Gegengewicht zum säuerlichen Rhabarber.

Ergibt: 2 Schraubgläser

Zutaten:

800 g Rhabarber
400 g feinster Backzucker
10 Backpflaumen, entsteint und halbiert

1. Den Rhabarber waschen und würfeln (schälen ist nicht notwendig, auch wenn sich einige Fasern ablösen). Die Stücke in einer großen Schüssel mit Zucker bestreuen. Abdecken und einige Stunden oder über Nacht ziehen lassen, bis der Saft austritt.

2. Rhabarber mit Saft in einen Topf füllen, aufkochen und 30–45 Minuten köcheln lassen. Die Backpflaumen nach 15 Minuten hinzufügen.

3. Die heiße Rhabarberkonfitüre in zwei saubere, sterilisierte Schraubgläser (siehe Tipp oben) füllen und fest verschließen. Die Konfitüre ist bei Zimmertemperatur mehrere Monate haltbar.

# CONFITURE DE FIGUES

*Feigenkonfitüre*

Wenn meine Eltern im September zu meinem Onkel und meiner Tante fahren, bringen sie kiloweise Feigen mit. Aus Feigen lässt sich ganz leicht Konfitüre kochen, die nicht nur köstlich im Kuchen schmeckt, sondern auch zu Pâté, Käse oder sogar Fleisch passt.

Ergibt: 2 Schraubgläser

Zutaten:

800 g Feigen
400 g feinster Backzucker
frisch gepresster Saft von 1 Zitrone

1. Die Feigen waschen und vierteln. Mit Zucker und Zitronensaft in einem Topf aufkochen und 20–30 Minuten köcheln lassen.

2. Zwei saubere, sterilisierte Schraubgläser (siehe Tipp, S. 176) mit der Konfitüre füllen und fest verschließen. Die Konfitüre ist bei Zimmertemperatur einige Monate haltbar.

# GLAÇAGE AU MASCARPONE

*Mascarponeüberzug*

Mein Standardüberzug für jeden Kuchen! Damit verfeinert ihr im Handumdrehen einen *Gâteau au Yaourt* (Joghurtkuchen auf viererlei Art, S. 53) oder versüßt einen *Gâteau aux Abricots, Amande et Lavande* (Aprikosen-Mandel-Kuchen mit Lavendel, S. 60).

Ergibt: Masse für 1 Kuchenüberzug

Zutaten:

240 g Mascarpone
1 TL Vanilleextrakt
100 g Puderzucker
240 g Crème double
Salz

1. Den Mascarpone in der Schüssel der Küchenmaschine auf mittlerer Stufe 30 Sekunden rühren. Bei laufendem Gerät den Vanilleextrakt und dann nach und nach den Puderzucker hinzufügen. Nicht zu lange rühren, da die Mischung sonst gerinnt.

2. Die Geschwindigkeit erhöhen, Crème double und etwas Salz dazugeben. Alles 1–3 Minuten zu einer luftigen Masse vermischen.



# GANACHE AU CHOCOLAT ET GANACHE MONTÉE

*Schokoladenganache und aufgeschlagene Ganache*

Diese glänzende Ganache ist ein französischer Klassiker, der warm zu Eiscreme oder *Crème Brûlée* (S. 38) serviert wird. Ich verwende sie auch aufgeschlagen (*Ganache Montée*) als Überzug für meinen *Gâteau Simple au Chocolat* (Einfacher Schokokuchen, S. 68), den allerbesten Schokokuchen!

Ergibt: Masse für 1 Kuchenüberzug

Zutaten:

250 g Zartbitterschokolade (50 % Kakaoanteil)
200 g Crème double
50 g gesalzene Butter

1. Die Schokolade im Wasserbad oder in einer Schüssel in der Mikrowelle schmelzen. Die Crème double in einem Topf fast zum Kochen bringen.

2. Die Hälfte der Crème double über die Schokolade gießen und mit einem Teigspatel vermengen. Die restliche Crème dazugeben und zu einer glatten Ganache verrühren.

3. Die Butter zur Ganache geben und vermengen, bis sie vollständig zerlassen und eingearbeitet ist. Mindestens 1 Stunde kühl stellen, bis die Masse fester wird.

4. Die Ganache für *Ganache Montée* in die Schüssel der Küchenmaschine füllen und einige Minuten rühren. Die Ganache wird dadurch luftiger und heller und hat anschließend die richtige Konsistenz, um damit eine Torte zu überziehen.

# GANACHE AU CHOCOLAT BLANC

*Weiße Schokoladenganache*

Diese Ganache ähnelt der Version aus Zartbitterschokolade, schmeckt aber süßer. Ihr könnt sie auf *Petit Pains au Lait* (Milchbrötchen, S. 132) streichen oder eure *Financiers au Beurre Noisette* (*Financiers* mit brauner Butter, S. 143) damit verfeinern.

Ergibt: Masse für 1 Kuchenüberzug

Zutaten:

400 g weiße Schokolade
140 g Crème double

1. Die Schokolade im Wasserbad oder in einer Schüssel in der Mikrowelle schmelzen. Die Crème double in einem Topf fast zum Kochen bringen.

2. Die Hälfte der Crème double über die Schokolade gießen und mit einem Teigspatel verrühren. Die restliche Crème dazugeben und zu einer glatten Ganache vermengen. Mindestens 1 Stunde kühl stellen, bis die Masse fester wird.

Tipp: Für aufgeschlagene weiße Schokoladenganache den Arbeitsschritten auf S. 178 folgen.

# REGISTER

# D



# E



# F



# G

# H



# J



# K

# L



# M



# N

# U



# V



# W



# Z

# Merci

Als allererstes möchte ich meinem größten Fan und Kuchenkritiker danken, meinem Ehemann Luke, der nie »Nein« zu einem Stück Kuchen sagt und mich während des ganzen Schreibprozesses unterstützt hat. Ebenso danken möchte ich Joey Swarbrick, meinem zweitgrößten Fan, Manager und Agenten seit Beginn meiner Karriere. Ein Dankeschön an meine Verlegerin Kate Pollard, die mich Schritt für Schritt begleitet hat. Danke an alle bei Welbeck Publishing, die mir die Chance gegeben haben, mein erstes Backbuch zu schreiben. Danke auch an meinen Literaturagenten Antony Topping, der mir dabei half, meine Buchidee wahr werden zu lassen.

Danke an das unglaubliche Team, das bei der Umsetzung mitgeholfen hat: Nassima Rothacker für fantastische Fotos; Frankie Unsworth, der meine Vorstellungen mit Props und Food Styling umgesetzt hat; Vanessa Masci für das herrliche Layout des Buches, in dem ich mich wirklich wiedererkannt habe. Und ein Dankeschön an alle Mitwirkenden beim Fotoshooting: Kuchenexpertin Julia Aden, Lektor Matt Tomlinson sowie Fotoassistenten Amy Grover und Sam Reeves und Props-Assistent Georgia Rudd.

Ich möchte mich auch bei Caroline Moyes Matheou bedanken, die in letzter Minute einen kritischen Blick auf meinen Text geworfen und ihn gründlich und liebevoll korrigiert hat. Und bei Margaux Durigon, die auf den letzten Drücker meine französischen Textelemente überprüfte. Danke an meine Mädels, denen ich in den vergangenen zwei Jahren mit meinem Buch in den Ohren lag – ihr wart die allerbesten Freundinnen und habt mich mit viel Liebe unterstützt.

Und schließlich noch ein großes Dankeschön an meine Familie, an die Lagrèves und die Coquelins, für eine wunderbare Kindheit und Jugend voller Liebe, fantastischem Essen und Wein!

# Über die Autorin

Manon Lagreve wuchs in einem kleinen Dorf in der Bretagne auf einem Bauernhof auf, wo das Essen im Mittelpunkt des Familienlebens stand. Sie lernte backen, indem sie ihrer Mutter und ihren Großmüttern zusah, die alle Backwaren selbst zubereiteten – von Brot über Gebäck bis zu Desserts.

Mit 20 Jahren zog Manon nach London, um als Au-pair zu arbeiten. 2018 nahm sie am Wettbewerb *The Great British Bake Off* (*The Great British Baking Show*) teil, wo sie in der ersten Woche mit ihren Keksen den Titel »Star Baker« gewann und bis ins Viertelfinale kam. Anfang 2023 trat sie nochmals bei der Neujahrssendung von *The Great British Bake Off* auf, setzte sich gegen frühere Finalisten durch und gewann.

In den vergangenen vier Jahren stellte sie ihre Backkreationen und Rezeptideen online vor und gewann auf Instagram und TikTok eine treue Anhängerschaft. Ihre »Tuesday Bake Along«-Videos haben Tausende von Menschen zum Backen inspiriert. Ihre Rezepte und Backwaren sind von ihren französischen Wurzeln, dem modernen London und den vielen Orten, die sie rund um die Welt besucht hat, inspiriert.

Manon hat mit KitchenAid, Tefal und dem französischen Landwirtschaftsministerium zusammengearbeitet und war Markenbotschafterin für verschiedene französische Firmen wie z. B. LeCreuset, Citroën und l'Occitane. Auf vielen Fotos in diesem Buch trägt Manon Produkte ihrer eigenen Mode- und Lifestyle-Marke »Manon and Rose«.

Manon lebt mit ihrem englischen Ehemann Luke und der gemeinsamen Tochter Fleur in London.

*@manonlagreve @manonandrose*

*www.manonlagreve.com*

Titel der Originalausgabe: *Et Voilà! A Simple French Baking Love Story*.
Erschienen bei OH Editions, einem Imprint von Welbeck Publishing Group


Deutsche Erstausgabe

Ein Unternehmen der Média-Participations

Projektleitung: Pia Clemente, Knesebeck Verlag
Übersetzung: Manuela Schomann, Grafing
Lektorat und Satz: booklab GmbH, München
Umschlagadaption: Fabian Arnet, Knesebeck Verlag
Korrektorat: Annerose Sieck, Neumünster
Druck: Leo Paper
Printed in China

ISBN 978-3-95728-780-9


www.knesebeck-verlag.de

FSC www.fsc.org MIX Papier | Fördert gute Waldnutzung FSC® C020056

Haftungsausschluss
Alle Warenzeichen, Zitate, Firmennamen, eingetragenen Namen, Produkte, Zeichen, Logos und Schlagworte, die in diesem Buch verwendet oder zitiert werden, sind Eigentum ihrer jeweiligen Inhaber:innen. Die englische Originalausgabe ist eine Veröffentlichung von OH Editions, einem Imprint der Welbeck Publishing Group Limited, und wurde von keiner natürlichen oder juristischen Person lizenziert, genehmigt, gesponsert oder unterstützt.